KB019477

우리의 관계를
생각하는 시간

Loving Well: The Key to Satisfying and Joyful Relationships

Copyright 2016 by Green Dragon Books
Palm Beach, Florida, U.S.A.

Korean Translation Copyright © 2019 by Billybutton
Published by arrangement with Green Dragon Books through BC Agency, Seoul.

노력해도 괴로운 당신을 위한 관계 심리학

우리의 관계를 생각하는 시간

초판 1쇄 발행 2019년 2월 20일
초판 3쇄 발행 2019년 4월 1일

지은이 에린 K. 레너드
옮긴이 박지선

책임편집 김소영
홍보기획 문수정
표지디자인 신묘정
본문디자인 박영정

펴낸이 최현준·김소영
펴낸곳 빌리버튼
출판등록 제 2016-000166호
주소 서울시 마포구 양화로 15안길 3 201호(윤현빌딩)
전화 02-338-9271 l **팩스** 02-338-9272
메일 contents@billybutton.co.kr

ISBN 979-11-88545-44-5 03180

이 도서의 국립중앙도서관 출판예정도서목록(CIP)은 서지정보유통지원시스템 홈페이지(http://seoji.nl.go.kr)와 국가자료공동목록시스템(http://www.nl.go.kr/kolisnet)에서 이용하실 수 있습니다.(CIP제어번호:CIP2019003498)

노력해도
괴로운
당신을 위한
관계 심리학

우리의 관계를
생각하는 시간

에린 K. 레너드 지음 | 박지선 옮김

빌리버튼 billybutton

가까이, 더 가까이 상대방에게 다가가는 법

오늘날 인간관계의 문제는 무엇일까? 사람들은 저마다 '사람 대하기'의 힘듦을 호소한다. 사람과 부대껴서 힘들고 사소한 부분까지 신경 써야 해서 피곤하니, 그냥 관계 맺기를 포기하고 차라리 혼자이고 싶다는 고백이 여기저기서 들린다. 연인은 헤어지고 부부는 이혼하고 친구끼리는 절교를 하고 회사 동료와는 말도 섞지 않는다. 좋은 관계를 유지하는 인간관계도 많지만 우리가 일상에서 느끼는 관계의 모습은 늘 어렵고 힘들고 지친다는 것이다. 급기야 모든 스트레스의 근원이 인간관계라는 자포자기의 목소리도 나온다.

2018년 통계를 보면 미국의 이혼율은 50퍼센트가 넘는다

(약 53퍼센트). 너무 많은 아이들이 중학생이 되기도 전에 향정신성 약물을 복용한다. 주기적으로 성관계를 갖지 않는 부부도 많다.

사람 사이의 관계가 왜 이렇게 삭막해졌을까? 관계에 거리감이 생겼기 때문이다. 상대방과 멀어지고 관계에 정서적 친밀감이 부족해지면 기쁨, 위안, 동료 의식, 끌림, 두근거림이 사라지고 외로움, 슬픔, 좌절이 자리 잡는다.

만약 내가 딱 이러한 상황이라면 어떻게 해야 할까? 방법은 있다. 정서적 친밀감을 회복하면 된다. 정서적 친밀감을 회복하기 위해서는 공감과 책임, 딱 두 가지만 있으면 된다. 더 간단히 말하면 관계를 친밀하게 회복하는 공식은 다음과 같다.

책임+공감=정서적 친밀감

이 등식은 아주 단순하지만 이를 실현하려면 지식, 몰입, 에너지, 상대방을 제대로 사랑하려는 욕구가 필요하다. 이 책은 바로 그런 통찰력을 제공하고, 멀어진 관계를 가까이 끌어당

길 수 있도록 도와줄 것이다.

이 책에서는 인간관계를 맺는 사람들을 두 부류로 단순화했다. '정서적으로 성숙한 사람'과 '정서적으로 미성숙한 사람'이다. 이 구분은 몇 가지 비슷한 개념으로 넓어진다. '정서적으로 여유 있는 사람과 정서적으로 여유가 없는 사람', '정서적으로 건강한 사람과 정서적으로 건강하지 않은 사람', '정서적으로 성숙한 커플과 정서적으로 미성숙한 커플' 등이다.

이렇게 사람들을 두 부류로 나눈 이유는 미성숙하고 여유가 없고 건강하지 않은 쪽을 탓하거나, 그들이 잘못 했다거나, 열등하다거나 나쁘다고 말하기 위해서가 아니다. 사람들은 각각 성격, 대응방법, 상대방을 대하는 관점과 태도 등이 모두 다르다. 인간관계를 맺고 있는 사람들이 처한 상황도 제각각이고, 갈등이 생기는 원인도 모두 다르다. 그리고 모든 사람이 이 구분으로 나뉘어 딱 들어맞지도 않는다. 그런 일은 불가능하다. 한 사람을 정서적으로 성숙하다거나 미성숙하다고 단정할 수는 없다. 우리는 모두 정서적으로 성숙한 면도 있고 미성숙한 면도 지니고 있다.

관계를 맺는 사람들을 두 부류로 나누고 각 부류에 속한 특성을 몇 가지로 요약하면 상대방과 자신의 모습을 이해하기가 훨씬 쉽다. 이런 상황에서 '그 사람'이 왜 그렇게 말하고 행동했는지, 그때 '내'가 왜 그런 감정을 느꼈는지 쉽게 알기 위해 설정한 장치로 이해해주기 바란다. 더불어 '성숙한 사람/미성숙한 사람'은 '정서적으로 성숙한 사람/정서적으로 미성숙한 사람'이라는 뜻으로 읽어주기 바란다.

두 사람 사이가 서서히 멀어지고 있음을 알아챈 사람, 늘 관계가 삐걱거리는 사람, 사사건건 말타툼을 하게 되거나 불필요한 갈등 때문에 지쳐가는 사람, 겨우 이어가고는 있지만 더 멀어질까봐 불안한 사람, 이미 저쪽으로 멀어졌다고 생각하지만 어떻게든 다시 관계를 회복하고 싶은 사람…….

우리는 저마다의 사정을 가지고 관계를 맺고 있다. 어느 단계에 있든 이 책은 당신이 상대방과 더욱 가까워지도록, 더 건강하고 행복한 관계가 되도록 도와줄 것이다.

• 차례 •

3장 무너지지 않는 관계 쌓기 연습 1
정서적 친밀감

4장 무너지지 않는 관계 쌓기 연습 2
공감 능력 되살리기

7장 관계를 꼭 끝내야 한다면
마음 다치지 않고 관계 정리하기

1장

나는 잘 어울리는 사람일까
:
내 관계 돌아보기

지금 멀어지는 중인가요?

감정과 정서. 같은 듯하면서 미묘한 차이가 있는 두 단어다.

감정 feeling 은 몸의 감각이나 마음의 느낌을 바탕으로 일어나는 기분의 변화다. 기쁨, 분노, 슬픔, 즐거움 등 희로애락의 느낌을 말한다.

정서 emotion 는 한 사람이 어떠한 상황 속에 처해 있는 경우와 한 사람이 다른 사람과의 관계 속에 있는 경우에 느끼는 감정을 말한다. 감정을 일시적인 것으로, 정서를 지속적인 것으로 보는 견해도 있다.

감정이 개인적인 차원이라면 정서는 관계적인 차원이다. 사람과 사람 사이에서 오가는 느낌과 분위기의 흐름이라고도 할 수 있고, 공감, 연민, 교감 등으로도 이해할 수 있다. 쳐다만 보아도 가슴이 두근거리는 느낌, 어떤 면이 서로 통한다는 느낌, 애정을 보내고 사랑을 받는다는 느낌 등의 감각을 포함하기도 한다.

정서는 인간관계에서 대단히 중요하다. 자신의 감정을 인식하고 그것을 상대방에게 표현하며 서로 통하는 순간, 두 사람 사이에는 신뢰와 애정, 공감과 이해가 생겨난다. 각자의 정서가 존재하는 거리, 그것이 정서적 친밀감의 기준이다. 가까울수록 관계는 밀도가 높아지고 굳건해지며, 멀수록 또 멀어질수록 관계는 성글어지고 연약해진다.

관계가 멀어졌다는 것은 한 사람의 정서와 다른 한 사람의 정서가 멀어졌다는 말이다. 감각, 느낌, 분위기, 감정이 이어지지 못하고 거리를 두고 있는 상태다. 정서가 맞닿아서 통해야 하는데 그러지 못하니 사람이 멀어지고 관계가 멀어진다.

상대방과 정서적으로 건강한 관계를 공유하는 능력을 '정서적 가용성'이라고 한다. 쉽게 말해 '정서적 여유'라고 할 수 있다. 정서적 친밀감이 사라지는 이유는 정서적 여유가 없기 때문이다. 사람마다 정서적인 성숙도가 다르다. 그래서 성숙한 사람과 미성숙한 사람으로 나누어서 생각해볼 수 있다. 성숙한 사람과 미성숙한 사람이 만날 때 정서적 친밀감이 멀어지는 경우가 많다. 지금 당신이 누군가와 정서적으로 멀어지는 중이라면, 한 사람은 성숙하고 한 사람은 성숙하지 못하기 때문이라고 할 수 있다.

왜 나는 정반대인 사람에게 끌릴까

반대되는 사람들은 서로 끌린다. 사람들은 자신이 약하다고 생각하는 분야에 강한 사람에게 끌리는 경우가 많다. 처음에 서로를 이끈 매력은 이들을 갈라놓는 원인이 되기도 하는데 대개 상대의 특성을 잘못 판단했기 때문이다. 예를 들면 자기애를 자신감으로, 권력욕을 야망으로, 연민을 공감으로 오해하는 식이다.

사람들은 상대방에게 특별한 인상을 주려고 애쓰다가도 일단 편해지고 나면 자신의 본성을 드러내는 경우가 많다. 사람을 한번 사랑하면 눈이 멀게 되고 그 대가는 혹독하다. 세심하고 인정 많은 사람은 무심하고 이기적인 사람과 얽힌다. 성숙한 사람은 미성숙한 사람과 결혼한다. 이처럼 정서적으로 맞지 않으면 관계가 멀어지고 고통스러워진다. 그러나 구제할 방법은 있다. 이렇게 잘못 짝지어지는 이유와 과정을 이해하고 이를 해결할 방법을 알면 된다.

관계를 맺은 두 사람이 성숙하다면 정서적 친밀감은 유지된다. 이 경우 두 사람 모두 관계에서 공감, 이해, 지지, 즐거움, 기쁨을 경험하고 서로 주고받는다. 새로운 것을 경험하고 상대의 관심사에 동참해 공유하고 타협, 책임, 통찰, 공감으로 갈등을 해결함으로써 친밀감이 굳건해지고 정서적으로 계속 성숙한다. 다툼은 해결되고 오히려 배움의 기회가 된다. 신뢰가 유지되고 감정이 존중받기 때문에 화내고 멸시할 여지가 거의 없다.

성숙한 사람이 정서적으로 미성숙한 사람과 관계를 맺으면 정반대의 일이 벌어진다. 미성숙한 사람은 진정한 친밀감을 쌓을 수 없기 때문에 파트너를 오해하고 파트너에게 공감하지 못한다. 때로는 파트너를 부당하게 대우하여 정서적 고립, 분노, 불신, 외로움을 유발한다. 이 상황에서 어처구니 없는 점은 성숙한 사람이 자신의 본모습을 잃고 기쁨과 정서적 친밀감을 느끼지 못하게 되고, 성장이 멈추며 자신이 가진 재능을 세상과 나누지도 못하게 된다는 것이다. 미성숙한 사람은 성숙한 사람이 지닌 긍적적인 본질을 앗아갈 수 있다.

한 사람의 정서적 성숙도는 심리학자라고 해도 알아내기가 매우 어렵다. 이 책이 명쾌한 서술과 예시를 통해 미성숙한 사람과 성숙한 사람을 잘 설명하기를 바란다. 두 가지 유형에 대한 일반적인 내용을 설명한 뒤에 세부사항으로 들어가므로 구체적인 예시를 보며 공감이 되는지, 더 알고 싶은지 판단할 수 있을 것이다.

이 책을 통해 성숙한 사람들이(실제 도움이 필요한 사람은 파트너인데도 불구하고) 자신이 문제라는 생각에서 벗어날 수 있기를 바란다. 정서적 성숙도의 차이는 근본적인 것이고 성격 차이라는 사실에도 주목해야 한다. 정서적으로 심하게 미성숙한 사람도 변화의 여지는 있다. 그러나 변화의 동기가 필요하고 변화에 온전히 몰두해야 한다. 미성숙한 사람은 대부분 병적인 방어기제를 사용하는데 이는 정서적 폭력으로 이어질 수 있다. 미성숙한 사람들 중 발전 가능성이 있는 사람과 병적으로 미성숙한 사람을 구분하는 것 역시 중요하다.

관계에 미묘한 거리감이 생겼다

성숙한 사람은 '넌 생각이 너무 많아' 또는 '넌 너무 따지고 들어'라는 말을 듣기도 한다. 그러나 이런 비난은 다른 사람들과 관계 맺는 양식을 스스로 돌아보지 않으며 통찰력이 부족한 사람이 주로 한다. 다시 말해 이런 사람들은 자신이 타인에게 어떤 영향을 미치는지 신경 쓰지 않는다. 이들은 주로 자신에게, 자신이 원하고 좋아하는 것에 에너지를 소모한다. 미성숙한 사람은 자신이 타당하지 않다고 생각하면 사사건건 타인을 판단하고 비난하기를 즐기지만 정작 관계 속에서 자신을 판단하거나 제대로 바라보지 못한다.

미성숙한 사람은 파트너가 틀렸고 감정적이고 비이성적이

라고 생각한다. 그리고 이를 너무도 굳게 믿는 나머지 성숙한 파트너마저 자신이 그렇다고 믿게 된다. 물론 이러한 규칙도 궁지에 몰리면 예외가 발생한다. 그 중 하나는 파트너가 단호하게 반대 의사를 표하며 부당한 대우를 거부하고 관계를 끝낼 생각까지 하는 경우다. 이 단계에 이르면 미성숙한 사람은 사과하려고 애를 쓴다. 그러나 이는 진심으로 하는 사과가 아니다. 미성숙한 사람은 애당초 아무 잘못이 없다고 굳게 믿지만 오직 파트너가 떠나는 것을 막기 위해 사과하기 때문이다. 이런 식의 사과는 진심이 아닌 데다가 사과한 문제의 원인이 된 행동이 곧바로 다시 발생할 수 있으므로 문제가 된다.

성숙한 사람의 특징은 분명하다. 성숙한 사람은 자신에게 문제가 있다고 생각한다. 이들은 섬세하고 감성적이며 갈등 상황을 끝내거나 다른 사람이 기분 상하는 것을 막기 위해 자기 잘못이 아닌 일도 책임지려 하는 경우가 많다. 성숙한 사람은 창피함을 느끼고 후회하며 미안하다고 사과할 줄 알며 다른 사람의 관점과 의견이 자신과 다르더라도 이해할 수 있다. 이들에게는 창의적인 면도 있다.

이뿐만 아니라 다른 사람이 처한 곤경에 깊이 공감한다. 성숙한 사람은 대체로 어린이, 동물, 노인의 소중함을 인정한다. 권리를 빼앗긴 사람들의 입장을 대변하기도 한다. 친밀한 관계에서 이들은 잘못을 인정하고 잘못된 일을 바로잡는 데 제 몫을 하고 사과하며 이기적이었다고 깨달은 행동을 고친다. 또한 파트너가 아니라 자기 자신을 탓하는 경우가 많다. 성숙한 사람의 마지막 특징은 자신의 분노를 부끄러워할 줄 안다는 것이다. 그 분노가 정당한 경우가 많은데도 말이다.

당신이 미성숙한 사람이라면 이 책을 이해하기 힘들 수도 있지만 성숙한 사람이라면 지금껏 읽었던 그 어떤 책보다 깊이 공감할 것이다.

이 책의 목적은 독자가 파트너의 정서적 성숙도를 파악하도록 돕는 것이다. 이를 알아야 앞으로 어떤 행동이 적절할지 알 수 있기 때문이다.

상대방과 멀어지는 진짜 이유

미성숙한 사람은 관계 속에서 공감 능력(공감과 연민을 혼동해서는 안 된다. 이에 대해서는 뒤에서 자세히 설명하겠다), 통찰, 책임이 부족하므로 정서적으로 친밀해질 수 없다. 이런 이유로 그들은 성숙하지 못한다. 이들은 거의 평생 동안 미성숙한 상태로 살아간다.

반면 성숙한 사람은 통찰력 있고 공감할 줄 알고 책임지려 하기 때문에 죽을 때까지 계속 성장하고 발전한다. 또한 피상적인 만족만 추구하고 정서적 친밀감에는 관심 없는 미성숙한 사람과 달리, 성숙한 사람은 정서적 친밀감을 간절히 원한다.

이처럼 성숙한 사람과 미성숙한 사람은 전혀 다른 정서적, 기질적 수준에서 생각하고 행동하기 때문에 어쩔 수 없이 빠른 속도로 멀어지며 둘 사이의 틈은 계속 벌어진다.

파트너가 성숙한지 아닌지 알아보기가 까다로운 이유중 하나는 미성숙한 사람은 위선적인 경우가 많다는 것이다. 그렇기에 미성숙한 사람은 좋은 인상을 주고 싶은 사람과 있을 때 매력있게 보이도록 애쓰고 남에게 베풀고 남에게 연민 어린 사람인 체한다. 그러나 상대방을 옭아맸다고 생각되면 원래의 모습으로 돌아간다. '옭아맸다'라는 말은 다음 몇 가지를 뜻할 수 있다.

1) 당신을 친구와 가족에게서 떼어냈다.

2) 당신의 손가락에 반지를 끼워주었다.

3) 당신을 교묘히 조종해 파트너에게 의지하게 만들었다.

4) 최악의 경우 당신이 파트너보다 여러모로 열등하므로 생존을 위해 파트너가 필요하다고 믿게 만들었다.

미성숙한 사람에게 속기 쉬운 또 다른 특징은 이들이 어떤 면에서는 평범하지 않고 대단해보인다는 것이다. 이들에게는 자신만만한 분위기가 흐른다. 그러나 분명히 말하지만, 이는 자신감이 아니라 자기애다. 미성숙한 사람의 자아는 손상되기 쉽기 때문에 이들은 자기애와 오만함으로 보완한다. 이들은 자기 의견만 가장 중요하고 자기 방식이 절대적으로 옳으며 유일하다고 생각한다. 자신과 다른 생각이나 계획은 틀린 것이므로 비난받아 마땅하다고 믿는다. 또한 자신이 대부분의 사람들보다 우월하다고 여기기 때문에 다른 사람을 평가하고 비판할 자격이 있다고 여긴다. 이들은 뒤에서 다른 사람을 험담하며 시간을 보내는 경우가 많다. 물론 더 강력한 상대를 만나면 즉시 복종하는 '아부꾼'으로 변한다.

지금까지 성숙한 사람과 미성숙한 사람의 표면적인 특징을 통해 무엇을 살펴보아야 하는지 간단히 알아보았다. 이들의 내면 깊이 자리 잡은 심리 구조와, 성숙과 미성숙의 차이에 대해서는 뒤에서 자세히 설명하겠다. 각 성격 구조의 미묘한 차이를 깊이 이해할수록 파트너가 정서적으로 친밀해지는 데 필요한 능력을 개발하도록 배려하고 돕기가 수월해진다.

그러나 이 깊고 세부적인 내용으로 들어가기 전에 우리가 장점이라고 쉽게 특징짓는 점들이 실제로는 성격이나 정서적 가용성emotional availability♦과는 별 상관없다는 것을 반드시 알아야 한다.

관계를 시작할 때
생각해야 할 것들

직업

파트너가 좋은 직업을 가졌고 재정적으로 안정되었거나 능력을 향상하기 위해 학교에 다닌다고 예를 들어보자. 이는 훌륭한 자질이지만 자기애에 빠진 사람들 중 상당수가 좋은 직업에 종사한다. 직업이 훌륭하다고 해서 성격도 훌륭하지는 않다.

나는 '그 여자는 집안이 좋아요'라는 말을 자주 듣는다. 부모가 이혼하지 않았고 유복한 가정에서 자랐다는 뜻이다. 나는 정서적으로 여유 있는 사람들 중 부모가 이혼했거나 편부모 가정에서 자란 이들을 여럿 알고 있으며, 부모가 부유하고 40년 동안 결혼생활을 잘했지만 성격장애가 있는 사람들도 여럿 보았다. 한 번 더 말한다. 이혼하지 않은 부모와 좋은 성격 사이에는 아무 연관이 없다.

공통된 관심사

흔히 공통된 관심사를 건강한 관계의 필수 요소로 여기는 경우가 많다.

"우리 둘 다 골프 치고 영화 보는 것을 좋아해요."

이런 요소가 즐거움과 친밀함의 토대를 마련할 수는 있지만 그것만으로는 즐거움과 친밀함을 보증하지는 않는다.

줄스와 에디의 예를 살펴보자. 두 사람은 골프 치는 것을 좋아하지만 관계의 바탕에 적대감이 깔려 있었기 때문에 골프 나들이는 이내 불쾌해졌다. 에디는 줄스에게 무신경한 말을 했고 이 때문에 줄스는 기분이 상했다. 그녀는 에디에게 기분이 상한 이유를 설명했지만 그는 줄스가 "지나치게 예민해서 짜증"을 낸다고 말했다. 몹시 화가 난 줄스는 실수로 공을 잘못 치고 놓치기도 했지만 에디는 이런 그녀를 남겨두고 계속 골프를 쳤다. 결국 줄스는 골프를 중단하고 비참한 기분으로 클럽하우스로 돌아갔다. 에디는 클럽하우스로 가서 아무 일도 없었다는 듯이 행동하여 줄스에게 더 심한 모욕감을 주었다. 이로써 둘 사이의 거리는 더 멀어졌다.

베티와 행크의 예도 살펴보자. 교제를 시작한 두 사람은 영화 보러가는 것을 좋아했다. 그러나 한동안 데이트를 하고 나자 베티는 드라마 장르의 영화를 더 이상 보고 싶지 않았다. 그녀는 행크가 보자고 한 영화를 모두 거절했고 공포영화를 보자고 우겼다. 비위가 약한 행크는 마지못해 이에 응했고 영화 보는 내내 고통스러워했다. 결국 행크는 베티가 혼자 영화를 보도록 놔둔 채 상영 도중에 나왔고 이 때문에 둘 사이에는 정서적 거리감이 생겼다. 요컨대 서로 상대를 인정하고 존중하지 않으면 같은 활동을 즐겨도 소용없다.

겉으로 보이는 부분

한 사람의 표면적인 모습 역시 마찬가지다. 파트너의 학벌과 직업이 좋기 때문에 그 사람을 좋아할 수는 있다. 그러나 그런 점들은 그 사람이 이타적이고 인정 많고 정서적으로 친밀해질 수 있는지와 전혀 관계없다. 그 사람이 열심히 노력했고 똑똑하다는 것을 의미할 수는 있지만 정서 건강과는 연관성이 없다.

예를 들면 이기적이고 인색하기 때문에 재정적으로 안정되었을 수도 있다. 표면적인 특징과 훌륭한 성격은 다르다. 물론 표면적인 모습도 훌륭하고 성격도 좋을 수 있지만 더 깊이 들여다볼 필요가 있다.

성격과 공감 능력

유머 감각과 친절처럼 어떤 사람의 성격에서 배어 나온다고 생각하는 특징들 역시 면밀히 살펴보아야 한다. 미성숙한 사람은 진심에서 우러나서가 아니라 다른 사람들에게 좋은 인상을 주기 위해 친절한 사람 행세를 한다. 지켜보는 사람이 없어지면 이들의 이타적인 행위는 온데간데없이 사라지고 자신에게만 몰두하는 모습이 나타난다.

예를 들어보자. 미성숙한 사람은 관심의 중심에 있기를 좋아하기 때문에 상황에 개입해 '영웅'이 되려는 경우가 많다. 이들은 아기에게 입맞추는 정치인이나 자신의 자선활동을 홍보하는 유명인처럼 대중의 호의를 얻으려고 할 때만 개입한다. 그러나 상황이 끝나고 나면 대부분 냉정하고 웃음기 없는 모습으로 돌아간다. 물론 당신은 상황이 끝난 뒤의 모습을 보아야 한다.

부부나 연인 관계가 아닌 예를 살펴보자. 앤의 남편이 암으로 세상을 떠나자 이웃인 베스와 에밀리는 슬픔에 빠진 앤과 자녀들을 도우려 했다.

베스는 유가족을 대신해 곧장 사람들에게 부고 이메일을 보냈고 저녁식사를 배달 주문하고 앤의 아이들을 돕기 위해 카풀을 알아보았다. 그리고 기회가 있을 때마다 만나는 모든 사람에게 자신이 한 일을 알렸다.

에밀리는 매일 아침 앤이 기르는 개를 돌보고 앤이 없는 동안 그녀의 집을 청소했다. 그리고 자신의 선행을 아무에게도 밝히지 않았다.

베스가 보여준 것은 다른 사람들에게 칭찬받기 위한 연민이었다. 그녀는 사람들에게 좋은 사람으로 비춰지기 위해 친구의 고난을 이용했다. 반면 에밀리는 진정한 공감과 친절, 인정을 보여주었다. 친구의 고통을 마치 자기 일인 양 느꼈고 자신의 행동을 인정받으려는 마음 없이 앤의 짐을 덜어주려 했기 때문이다.

좋은 인상을 주기 위해 다른 사람들 앞에서 연민을 드러내거나 친절한 행위를 하는 것은 진정한 공감, 친절, 인정과 정반대다. 자신의 선행을 광고하고 다니는 것은 자기 잇속만 차리는 짓이다. 요컨대 다른 사람의 불행이나 가슴 아픈 일을 이용해 공동체에서 자기 입지를 다지려는 사람은 미성숙하다. 반면 시간, 돈, 에너지 등 자신에게 중요한 것을 희생하면서 아무런 대가를 바라지 않는다면 진정한 공감과 친절을 보여주는 사람이다. 연민은 누구나 표현할 수 있다. 누군가에게 안타까움을 느끼는 일은 희생이나 정서적인 투자가 필요하지 않다. 그러나 공감은 이야기가 다르다.

공감과 연민 사이의 간극은 매우 크다. 그러나 많은 사람들이 그 차이를 이해하지 못한다. 앞서 언급했듯이 다른 사람들의 호의 어린 시선을 받게 되리라는 것을 아는 상황에서 누군가에게 친절한 행동을 하기는 쉽다. 그러나 에너지를 써가면서 누군가를 돕고 이해하며 이러한 정서적 투자의 대가를 바라지 않는 것이 진정한 공감이다. 공감은 한 인간이 다른 인간을 동등한 존재로 여길 때만 가능하다.

2장

내 옆의 그 사람은
도대체 어떤 사람일까
:
내가 만나는 사람 파악하기

정서적으로 성숙한 사람의 특징

　지금까지 미성숙한 사람에 대해, 미성숙한 사람과 성숙한 사람의 차이에 대해 자세히 알아보았다. 그렇다면 성숙한 사람은 어떤 차이와 특징을 보일까? 앞으로 이에 대해 더 자세히 알아보겠다.

　성숙한 사람은 세심하고, 인정 많고, 공감할 줄 알며, 불안해한다. 마지막 특징은 앞의 세 가지와 어울리지 않는 것 같지만 사실이다. 성숙한 사람에게는 자기를 돌아보는 능력과 통찰력이 있다. 그래서 자신에게 비판적이며 때로는 이 때문에 불안해하고 자신이 다른 사람들보다 가치 없다고 느낀다. 이처럼 자신과 타인의 상호작용을 분석하여 단점을 발견하고 이를 개선하려고 노력하기 때문에 이들은 정서적으로 계속 발전한다. 실제로 정서적으로 여유 있는 많은 사람들은 자기 잘못을 기꺼이 책임지며 다른 사람의 실수라 하더라도 그 사람이 괴로워하거나 당황하지 않도록 책임을 떠안는 경우가 많다.

겸손하다

성숙한 사람은 자기 단점을 계속 돌아보기 때문에 매우 겸손하기도 하다. 이들은 자신이 남보다 낫다고 여기지 않으며 다른 사람의 인간적인 면을 재빨리 알아본다. 자기애에 빠진 사람들과 정반대다. 따라서 문제가 있는 쪽은 자신이라고 생각하기도 한다. 이들의 눈에는 주위 사람들이 더 자신감 있고 유능해보이기 때문이다. 이들은 자신이 보고 있는 것이 진정한 자신감이 아니라 미성숙한 사람의 자기애, 허세, 과장된 자아라는 것을 모른다.

섬세하다

성숙한 사람은 매우 세심하기 때문에 정서 지능emotional in-telligence을 활용해 직장, 예술 활동, 창의적인 취미에서 두각을 나타낸다. 이들은 관계를 맺는 데 능하다. 때로 성숙한 사람이 자신도 모르는 사이에 미성숙한 사람들에게 말려드는 경우가 있는데 이런 상황에서는 성숙한 사람의 친절과 섬세함이 불리하게 이용되는 경우가 많다.

품성이 깊은 탓에 쉽게 이용당한다

성숙한 사람은 미성숙한 사람에게 쉽게 이용당하고 괴롭힘당한다. 가끔은 지나치게 이용당했다고 느끼고 정서적으로 너무 지쳐서 거리를 두기도 한다. 최악의 경우 성숙한 사람은 스스로 고립을 선택해 새로운 친구를 사귀지도 않고 사교 활동도 일절 하지 않을 수 있다. 너무 크게 상처받은 탓이다. 이들이 미성숙한 사람과 부부나 연인 관계를 맺었을 때도 비슷한 현상이 나타난다. 이때 성숙한 사람은 부당하게 대우받고 이용당하고 상처받는 경우가 많으며 미성숙한 파트너에게 설득당해 자신에게 문제가 있기 때문에 부당하게 대우받아 마땅하다고 믿게 된다.

이런 일이 자주 벌어지는 이유는 미성숙한 사람은 대부분 성숙한 사람을 시기 질투하기 때문이다. 미성숙한 사람은 성숙한 사람의 깊고 넓은 품성을 무의식중에 감지하고 자신은 그렇지 않다는 것을 인식한다. 이는 질투로 이어지는 경우가 많으며 바로 이 질투 때문에 미성숙한 사람은 시기심과 위험을 느껴 성숙한 사람을 지배하고 조종하려 든다. 성숙한 사람은 이러한 질투를 전혀 알아차리지 못하는데 이 때문에 둘 사이의 역학 관계는 더욱 혼란스러워진다.

성숙한 사람은 대부분 겸손하고 자신을 내세우지 않는다. 이들은 누군가가 자신을 질투할 수 있다는 가능성을 전혀 생각하지 않기 때문에 이러한 관계를 제대로 보지 못한다. 이런 일에 어두운 성숙한 사람은 미성숙한 사람에게 상처받고 배신당하고 속으면서 더욱 무방비 상태가 된다. 미성숙한 사람이 자기 행동을 책임지지 않으면서, 다시 말해 대부분의 일을 파트너 탓으로 돌리면서 상황은 더 힘들어진다. 이 상황에서 성숙한 사람이 내릴 수 있는 결론은 하나뿐이다. 이유가 무엇이든 자신이 이런 대우를 받아 마땅하다는 결론이다. 미성숙한 사람 여럿이 합심해서 이렇게 믿도록 꾸며낸 경우에는 더욱 그렇다. 상황이 이렇게 되면 제아무리 성숙한 사람일지라도 자신이 아닌 상대방에게 잘못이 있다고 생각하기는 매우 어렵다.

성숙한 사람의 정서적 능력은 깊이가 있고 복합적이기 때문에 이들은 부당함을 직감한다. 파트너의 문제와 관계에서 일어나는 일들이 자기 잘못이라고 생각하게끔 조종당하지만 마음 깊은 곳에서는 뭔가 대단히 잘못되었다는 것을 안다. 그 사실을 받아들일 때가 되면 이들은 대개 파트너에게 정면으로 맞서거나 관계를 끝낼 수 있는 힘을 충분히 모은다.

어쩌면 이런 이유 때문에 성숙한 사람의 공감 능력이 뛰어난지도 모른다. 이들에게는 존엄성을 빼앗긴 경험이 있으므로 불운한 이들, 소외 계층, 권리를 빼앗긴 이들, 괴롭힘당하는 이들에게 공감하는 것이다. 성숙한 사람의 뛰어난 공감 능력은 강한 자존감 때문일 수도 있다. 자존감 덕분에 이들은 타인을 더 잘 이해하고 돕기 위해 그들의 고통을 함께 느낄 수 있다. 강력한 공감 능력은 초능력과도 닮았다.

올림픽 육상선수이자 전쟁 영웅이며 인도주의자인 루이스 잠페리니Louis Zamperini, 1917~2014의 예를 살펴보자. 그는 덩치가 크고 힘이 세어서 영웅으로 불리는 것이 아니라 품성 때문에 영웅이 되었다. 그의 공감 능력은 초자연적이라고 느껴질 만큼 강력했다. 그는 태평양 한가운데에 뜬 구명정에서 자신의 욕구를 희생하고 동료 군인들을 구하려 애썼다. 일본의 전쟁포로 수용소에서는 이질, 탈수증, 굶주림으로 아픈 몸을 이끌고 몸 상태가 최상이었던 일본인 올림픽 육상선수에 맞서 달리기 시합을 벌였다. 동료 군인들이 빼앗긴 존엄성을 되찾기 위해서였다. 그는 몸 상태로 보아 가능성은 없지만 혹시라도 경기에서 이기면 인간다움을 송두리째 빼앗긴 수용소 동료들에게 존엄성과 희망을 돌려줄 수 있으리라는 것을 알았다. 그랬기에 우승하려면 죽을 수도 있다는 위험을 알면서도 달렸다. 그의 품성과 공감 능력은 신체 능력을 초월했고 그의 몸은 상대를 이기겠다는 정신에서 힘을 얻었다. 결국 그는 경기에서 이겼고 동료들은 고난을 계속 버텨낼 수 있었다.

이 같은 품성과 공감 능력 덕분에 루이스 잠페리니는 자신은 물론이고 수용소 동료들의 정신까지 구할 수 있었고 훗날 자신을 고문한 사람을 용서할 수 있는 힘을 얻었다. 자존감이 약하고 자아가 무너지기 쉬운 사람과 달리 그는 복수나 응징을 원하지 않고 용서했다. 물론 시간은 걸렸지만 결국 용서했다.

성격이 강인하고 회복이 빠르다

성숙한 사람의 또 다른 보편적인 특징은 회복력이다. 이들은 강인하지만 이를 스스로 인식하지 못한다. '묵묵히 받아들이고 견디는' 태도가 제2의 천성처럼 몸에 배었기 때문이다. 이들은 차분하게 고난을 견디고 상황을 개선하기 위해 부지런히 노력한다. 실수하고 실망한 뒤에 그 상황에서 자신의 잘못을 찾아내고 같은 실수를 반복하지 않기 위해 필사적으로 애쓴다. 이들은 정서적 고통에 대한 참을성이 강하다. 그렇기에 사랑하는 이에게 도움이 된다면 힘든 일을 견딜 수 있다. 즉, 이들은 이타적이다.

반면 미성숙한 사람은 이타적인 사람 행세를 하며 모든 행동에 주목을 바란다. 또한 다른 사람을 조종하기 위해 기회가 있을 때마다 신체적, 정서적 고난을 가짜로 꾸며낸다. 이 '피해자 행세'는 미성숙한 사람이 자기 몫의 책임을 회피하는 또다른 방편이다.

정서적으로 아무리 성숙하다 해도 성인은 아니다. 대개 성숙한 사람은 재미를 좋아하고 즉흥적이기도 한데 이 때문에 가끔 난처해지기도 한다. 이들은 삶을 즐기고 새로운 일을 시도하는 데 열려 있기 때문에 종종 혼자 시간을 보내며 '나만의 시간'과 다른 사람과 관계를 맺는 시간의 균형을 훌륭하게 맞춘다. 그러나 이 균형은 미성숙한 사람과 관계를 맺으면 깨지는 경우가 많다. 미성숙한 사람은 자신과 함께 하지 않을 때 성숙한 사람이 느끼는 행복과 즐거움을 질투하기 때문이다. 미성숙한 사람은 성숙한 사람이 참여하는 활동이나 이들의 관심사를 자주 방해한다.

정서가 복합적이고 깊다

성숙한 사람의 마지막 특징은 정서가 복합적이고 깊다는 것이다. 이들은 다른 사람들을 아주 잘 이해하고 그들에게 깊은 관심이 있다. 이들에게는 다른 문화와 풍습에 대한 호기심이 있으며 다른 나라나 문화권에서 온 사람일지라도 타인에게서 인간다움을 예리하게 찾아내는 능력이 있다.

미성숙한 사람을 알아보는 법

공감 능력

어떤 사람의 가치를 돈, 권력, 사회적 지위 같은 표면적인 특징으로만 판단한다면 미성숙한 사람이다. 나는 미성숙한 사람들이 다른 사람을 일컬어 '먹이사슬 상위에 있다'고 하는 것을 들은 적이 있다. 인간으로서의 가치를 돈과 권력을 모으는 능력으로 판단한 결과다. 이러한 사람들은 돈과 권력이 없는 이들을 하찮게 여기며 자신의 시간과 관심을 투자할 가치가 없다고 생각한다. 이들은 가게 종업원이나 레스토랑에서 음식 나르는 사람을 예의 바르게 존중하지 않고 매우 무례하게 대하는 경우가 많다. 이들은 돈과 권력이 없는 사람의 가치를 낮춰 보기 때문에 평범한 사람을 자기보다 못하고 가치가 떨어지는 존재로 여겨 무례하고 불쾌하게 대하는 경우가 많다. 일반적으로 미성숙한 사람은 다른 사람들을 물건 취급하고 비인간적으로 여기며 경멸 어린 명칭으로 부르기도 한다. 인종이나 동성애에 관해 언급할 때도 철저하게 차별주의자의 용어로 말한다. 미성숙한 사람에 따르면 가난한 사람들은 '먹이사슬' 맨 밑에 있기 때문에 존재 가치를 인정받지 못한다. 사람을 물건으로 여기고 비인간적으로 대하면서 공감하기란 불가능하다. 이러한 세계관 때문에 미성숙한 사람은 타인에게 공감하지 못하며 어떤 사람이 처한 불행이 무엇이든 간에 그럴 만해서 일어난 일이라고 생각하고 마치 자신에게 주어진 권리인 양 타인에게 폭력을 행사한다. 이처럼 다른 사람에 대한 공감 부족은 미성숙한 사람의 가장 두드러진 특징이다.

반면 돈과 권력의 유무와 상관없이 다른 사람의 감정을 진심으로 살피고 인간이라는 것 자체가 가장 중요하므로 모든 인간을 동등하게 여긴다면 진정 공감하는 사람이다. 근본적으로 인간성을 소중히 여기는 사람에게 공감 능력이 있다. 한 사람이 인간이라는 점을 가장 가치 있게 여기지 않는다면 공감은 불가능하다. 타인을 가장 고귀하게 여긴다면 곧 그를 동등하게 대하게 된다. 그리고 동등한 존재로서 다른 사람의 입장에서 생각해보려고 노력할 수 있게 된다. 잠시 자신의 행복을 희생하고 타인의 고통을 느끼려고 애쓰며 그럼으로써 그 고통을 이해하고 그 사람과 함께하여 홀로 고통스럽지 않게 해준다. 공감은 인간의 행위 중 가장 이타적이다. 예수, 마더 테레사, 마하트마 간디, 마틴 루서 킹, 루이스 잠페리니 모두 엄청난 공감 능력의 소유자였다.

수동적 공격성

성숙한 사람과 미성숙한 사람을 구분하는 또 다른 요인은 개인적으로 모욕을 느꼈다는 이유로 보복이나 응징하려는 성향이다. 이러한 행동은 대개 '수동적 공격성'이라고 칭한다.

개인적으로 모욕을 느꼈다고 해서 그 사람을 다치게 하거나 파멸에 이르게 할 권리가 자신에게 있다는 생각은 미개하고 미숙하며 극단적인 경우에는 위험하다. 성숙한 사람이라면 모욕을 느껴서 화나고 짜증 날 수 있지만 그 사람에게 되갚아 주는 데에 집착하지 않는다. 이들은 대부분 자기 감정을 이야기하고 스스로 잠시 슬퍼하고 화낼 시간을 준 다음 원래의 삶으로 돌아간다. 상대방에 대한 부정적인 감정에 얽매어 있더라도 미성숙한 사람과 달리 앙심을 품고 방해하거나 해를 입히지 않는다.

자신이 희생자라는 믿음은 복수가 자신의 권리라는 믿음으로 변질된다. 유치하기 짝이 없는 미성숙한 어른은 자기 실수를 책임지는 대신 남 탓하기를 좋아한다. 아내를 계속 부당하게 대한 남편이 자녀들에게 '네 엄마가 날 떠났어. 난 혼자야. 그 여자가 내 인생을 망쳤어'라고 울부짖는다면 이는 피해자 행세를 하는 어른의 전형인 셈이다. 열심히 일하지 않아서 업무 성과가 좋지 않은 사람이 승진한 사람을 두고 '내 일을 도둑질해갔다'면서 비난하고 불평하는 경우도 마찬가지다. 이러한 감정은 미성숙한 사람의 잘못된 생각을 보여주는 단적인 예다.

이들은 자신이 피해자라고 믿기 때문에 자기가 저지른 실수나 다른 사람을 부당하게 대우한 일을 책임질 수 없으며, 그래서 같은 행동을 반복한다. 사람은 자기 단점을 인식할 때만 변하고 성장할 수 있다. 다른 사람을 탓하면 정서적인 성장은 전혀 불가능하다. 미성숙한 사람은 관계 속에서 계속 같은 실수를 되풀이한다. 그렇기에 그 관계에서 부당한 대우를 당하거나 상처받는 사람은 자신의 고통과 좌절을 입 밖에 내지 않는다. 말해봤자 자신이 비난받거나 알맹이 없는 사과만 받을 테고 앞으로도 계속 같은 식으로 대우받을 것이기 때문이다. 이런 식으로 관계 당사자 둘 사이의 연결고리가 끊어지면 정서적 거리감과 적대감이 생긴다. 이처럼 갈등이 발생했을 때 스스로 책임지지 않고 파트너를 탓하는 성향은 관계에 파국을 초래할 수 있다.

이뿐만 아니라 미성숙한 사람은 책임을 회피하기 위해 피해자 행세를 하기도 한다. 예컨대 이들은 자녀나 파트너에게 중요한 행동을 책임지지 않을 핑계로 오랜 시간 일하는 것을 불평할 수 있다. 미성숙한 사람은 자신이 맡은 의무조차 힘든 척하며 회피한다. 반면 성숙한 사람은 대개 문제를 해결할 준비가 되어 있으며 일과 부모 역할과 자기 책임을 다하기 위해 무슨 일이든 감수한다. 이들은 삶에서 벌어지는 거의 모든 일을 스스로 책임지는 경향이 있다.

관점과 견해의 유동성

미성숙한 사람과 성숙한 사람의 또 다른 중요한 차이는 관점과 견해의 유동성이다. 성숙한 사람은 다른 사람과 그들의 의견에서 배우기를 즐기며 새로운 관점에 개방적이다. 무엇보다 중요한 사실은 이들은 자기 관점이나 견해와 충돌이 발생할 때조차 개방적이라는 점이다. 시간이 조금 걸릴 수는 있지만 결국 이들은 자신과 다른 생각을 이해하고 이에 관심을 가진다. 그래서 다른 문화와 사람들에 대해 배우기를 좋아한다. 이들은 '사람들이 왜 그런 행동을 하는지'에 관심이 있기 때문에 타인의 마음 깊은 곳의 동기와 감정을 알아보려 하고 그로 인해 상대를 더 잘 이해하게 된다.

반면 미성숙한 사람은 대부분 자기 의견 말고 다른 의견은 고려하지 않는다. 이들은 자기 의견만이 옳다고 생각하여 의견이 다른 사람들을 거부하고 놀리기까지 한다. 관점에 있어서도 마찬가지다. 이들은 자기 관점에서만 삶을 바라보고 다른 관점의 산물은 무엇이든 즉각 거부하고 비웃는다. 다시 말해 이들은 자기 방식만이 유일한 방식이며 다른 방식은 모두틀렸다고 생각한다.

성숙한 사람은 마음이 열려 있고 호기심이 많으며 속이 깊기 때문에 매사를 다른 관점에서 보고 이해하려고 끊임없이 시도한다. 따라서 이들은 남을 평가하려는 성향과 거리가 멀다. 미성숙한 사람은 끊임없이 남을 판단하고 깎아내린다. 때로는 이런 태도가 몸에 깊이 배어 다른 사람을 뒤에서 험담하며 즐거워하기까지 한다.

미성숙한 사람은 흑백 논리에 바탕을 둔 굳어버린 사고 때문에 종교에 이끌리는 경우도 많다. 종교적 관점이 때로는 삶을 흑백 논리로 바라보기 때문이다. 동성애, 이혼, 낙태는 잘못이라는 관점이 그 예다. 이런 절대적인 믿음은 흑백 논리를 바탕으로 생각하게 만든다. 그러면 각기 다른 특정 상황의 깊은 의미를 이해하려고 애쓰지 않고 융통성 없는 판단을 내리게 된다. 또한 종교의 가르침을 따르는 사람들은 다른 사람들보다 도덕적으로 우월하고 좋은 것들을 받을 자격이 생긴다고 생각하는 경우가 많다. 인정이 아닌 이런 흑백 논리에 바탕을 둔 도덕적으로 우월한 태도는 동료 인간에 대한 사랑이 아닌 지속적인 혐오를 낳는다.

　미성숙한 사람은 흑백 논리를 바탕으로 생각함에도 불구하고 지적으로 발전할 수 있다. 이들은 매우 똑똑하고 분석적이며 계산적인 사고를 잘하는 경우가 많기 때문이다. 이러한 지적 능력 덕분에 뛰어난 성과를 내고 성공하는 이들도 많다. 그러나 경직된 사고, 완고함, 타인에 대한 비판 때문에 하급자는 물론이고 때로는 동료들까지도 끊임없이 화를 내고 걱정하게 만든다. 이들은 자아를 과장하기 위해 자신의 권력을 이용해 남을 제압하기 때문에 일터에서 불량배 노릇을 하는 경우가 많다. 이들이 자기 권력을 지키기 위해 끊임없이 남을 깎아내리는 이유는 심한 불안 탓인데 이는 너무 근원적이라 스스로 인식하지 못한다. 그렇기에 이들은 자신이 남보다 우월하다고 진심으로 믿는다. 안타깝게도 세계에서 사악한 미치광이 지도자로 손꼽히는 사람들 중에도 정확하게 이런 상태였던 이들이 있다. 나폴레옹, 히틀러, 오사마 빈 라덴 모두 자기 단점을 견뎌내지 못하고 그것을 세상에 투사 projection ◆ 했으며 자신에게 남을 파멸할 권한이 있다고 생각했다.

우리가 지도자를 선출하거나 어떤 사람에게 권력을 맡기는 이유는 그 사람이 우리에게 방향을 제시하고 사람들을 통합했다고 믿기 때문이다. 그러나 앞서 언급한 지도자들은 사람들을 통합하기 위해 혐오를 이용했고 혐오의 구실을 마련하기 위해 특정 대상을 비난했다. 그 다음 무기는 공포다. 이들은 절대 권력을 확고히 하기 위해 피해자를 공개적으로 처형하여 두려움을 조장했다.

이뿐만 아니라 미성숙한 사람은 말해야 한다고 생각하는 것을 앵무새처럼 반복해 말할 뿐 행동으로 옮기지 않는다. 즉, 다른 사람에게 좋은 사람이라는 인상을 심어주기 위해 말만 할 뿐 그 말을 실천함으로써 뒷받침하지는 못한다. 예를 들어 미성숙한 사람은 파트너에게 있는 그대로의 모습을 사

〰〰 자신의 감정이나 동기를 다른 사람에게 돌려서 어려움에 대처하고 자아를 보호하려는 시도-옮긴이

랑하기 때문에 아무것도 바꾸려 하지 않겠다고 말하고는 다음 날 그에게 돈을 더 많이 벌어오라거나 아이들과 시간을 더 많이 보내라고 채근할 수 있다. 한마디로 말과 행동이 다르다.

미성숙한 사람은 가끔 친절하게 굴어서 파트너를 당혹스럽게 한다. 이들은 선물을 자주 준다. 이는 사려 깊은 행동처럼 보이지만 그 안에는 상대를 조종하려는 의도가 어느 정도 숨어 있다. 이들은 파트너를 '낚아' 다시 자신을 믿게끔 조종하기 위해 친절한 성격을 꺼낸다. 그래야 파트너를 지배할 수 있기 때문이다. 선물을 주는 행동은 미성숙한 사람이 정서적으로 친밀해질 수 없음을 나타낸다. 이들은 양질의 교류를 통해서가 아니라 선물을 주거나 돈을 쓰는 것으로 보여주는 것이 사랑이라고 생각한다. 물론 이는 사랑이 아니며 사랑과 거리가 아주 멀다. 파트너 역시 미성숙하다면 이러한 행동에 만족한다. 그러나 성숙한 파트너라면 만족감을 주는 진정한 사랑을 원하고 이를 위해 돈이나 물질적인 것을 기꺼이 포기할 것이다. 다시 말하지만 미성숙한 사람에게는 지킬 박사와 하이드 씨<small>Dr. Jekyll and Mr. Hyde</small> 같은 감정 유형이 있다. 이들은 좋

은 인상을 주고 싶은 사람들에게는 친절하고 매력적으로 굴

지만 다른 사람들에게는 무례하고 몰인정하게 대한다.

갈등에 대처하는 우리의 자세

지금까지 미성숙한 사람의 성격적 특징에 대해 자세히 알아보고 이들의 속이려는 본성에 대해 논의해보았지만 미성숙한 사람의 특징과 미성숙을 나타내는 뚜렷한 징후를 다시 한 번 정리해 정보를 요약한 다음 성숙한 사람에 대해 알아보자.

가장 중요한 정보는 파트너와의 교류와 관계 속에서 얻을 수 있다. 이때 두 사람이 갈등에 어떻게 대처하는지 반드시 생각해보아야 한다. 성숙한 사람과 미성숙한 사람이 관계를 맺을 때 흔히 다음 두 가지 상황이 발생한다.

첫 번째는 어느 한 사람(A)이 다른 사람(B) 때문에 상처받거나 A가 B에게 존중받지 못하고 부당한 대우를 당하는 경우다. A가 상처받고 화났다고 밝혔을 때 B가 A의 감정을 무시하고 A에게 말도 안 된다고 말하거나 더 나아가 A가 불안하고 제정신이 아니라서 그런 감정을 느끼는 것이라고 한다면? A의 감정에 대해 B가 지속적으로 이런 반응을, 그러니까 A의 감정을 무시하고 자신이 잘못했을 가능성을 일체 거부하고 A가 문제라서 그렇다고 모든 탓을 돌린다면 B는 미성숙한 사람이다. A는 자신의 감정을 차분히 설명하려고 여러 번 시도하겠지만 B는 귀담아듣지 않을 것이다. B는 자신에게 아무 잘못이 없다고 믿는다. B는 감정을 설명하려고 했다는 자체만으로도 A가 제정신이 아니라고 생각할 테고 이 때문에 A의 상처와 분노는 더 심해진다. 네 감정이 잘못되었고 네가 제정신이 아니라는 말을 듣는 것은 뺨을 연속으로 맞는 것과 같다. A의 화가 점점 심해지면 B는 이를 증거로 이용해 A가 이성적이지 못하다고 몰아세운다.

이제 A에게는 두 가지 선택권이 있다. 하나는 다 포기하고 그런 감정을 느낀 것이 A의 잘못이고 A가 문제라는 B의 의견에 수긍하는 것이다. 그러나 이는 위험하다. 자신의 존엄성을 포기하고 누군가가 자신을 정서적, 심리적으로 존중하지 않도록 내버려두는 상황은 정말 끔찍하기 때문이다.

A가 할 수 있는 또 다른 선택은 B가 A를 비난하며 책임을 뒤집어씌우는 악순환을 견디면서 자기 감정이 다친 이유를 계속 설명하는 것이다. 그러면 A가 끊임없이 싸움을 걸고 싶어하고 B를 트집 잡으려 하는 것 같아 보일 수 있다. 실제 상황과 정반대의 모습으로 비춰지는 것이다.

방금 언급한 예는 매우 중요하다. 미성숙한 사람들이 보이는 다음과 같은 전형적인 특징을 보여주기 때문이다.

1) B는 A에게 공감하지 못한다. B는 A의 입장에서 생각할 수 없으며 A의 기분이 어떨지 전혀 헤아리지 못한다.

2) B는 관계에서 스스로 책임질 수 없다. B는 자신이 갈등의 한 축을 담당했다는 사실을 받아들이려고 하지도 않을 것이다.

3) B는 비난을 표면화한다. B는 현 상황을 A 탓으로 돌린다.

4) B는 피해자 행세를 한다. 현 상황에서 상처받은 사람은 자신이고 자기야말로 불합리한 A 때문에 피해를 입었다고 생각한다.

두 번째 상황에서는 '누구의 마음대로 하느냐'에 관한 논쟁이 발생한다. 대부분 성숙한 사람(A)은 느긋하고 마음이 열려 있고 다른 사람의 방식으로 일하는 데 개방적이다. 이들은 다른 사람의 관점을 받아들이고 사고가 유연하며 새로운 것을 흔쾌히 시도하기 때문이다. 대개 A는 타협하여 절충점을 찾는 데 능하다. 그러나 미성숙한 B는 융통성이 없고 자기 방식대로 일을 처리하자고 우긴다. 자기 방식대로 일이 되지 않으면 그만두거나 아무것도 하지 않겠다고 고집하는 경우가 많다. B는 A가 하고 싶어하는 일을 해보는 데 마음이 열려 있지 않으며 거절하는 경우가 대부분이다. 그렇기 때문에 사정이 어떻든 A가 자기 마음대로 하기를 간절히 원하면 갈등이 발생한다. 가끔은 B가 져주지만 이 경우 A의 계획이나 A 본인에게 은밀히 복수를 감행할 것이다. B에게는 수동적 공격성과 보복 성향이 있기 때문이다. 그렇게 되면 A는 실망하고 B는 자신이 만족할 만한 결과를 얻기 위해 그 기회를 놓치지 않는다. 앞으로 B는 이 일을 계속 들먹이며 A가 어쩌다 한 번이라도 자기 방식대로 하자고 주장하지 못하도록 만든다.

이 경우에도 미성숙한 사람의 전형적인 특징이 드러난다.

1) 이들은 자기중심적이고 요구 사항이 많다. 자기 방식이 아니면 떠나버린다.

2) 자기 마음대로 하지 못하게 되면 앙심을 품고 '복수하기 위해' 파트너를 방해하고 괴롭힌다.

3) A가 새롭고 흥미로운 일에 관심을 보이면 B는 위태로움을 느낀다. A가 B의 통제에서 벗어나기 때문이다. 따라서 미성숙한 사람은 A가 하고 싶어하는 새로운 일을 비웃거나 비판한다.

요컨대 현재 관계에서 이런 일이 흔히 벌어지고 있거나 예시 상황 속 A에게 공감한다면 파트너가 미성숙할 가능성이 매우 높다. 성숙한 사람과 미성숙한 사람은 본질적인 성격이 완전히 다르므로 정서적으로 친밀해지려면 상당한 노력이 필요하다. 파트너가 노력해야 하는 동기를 느끼지 못하거나 노력하려고 마음을 열지 않는다면 관계를 끝내는 것을 심각하게 고려해야 할지도 모른다.

관계에서 나는 왜 늘 불안할까

정서적으로 건강하지 않은 사람이 어떻게 속임수를 쓰고 파트너를 조종하는지, 정서적으로 여유 있는 사람이 그렇지 못한 사람과 얽히기 얼마나 쉬운지 살펴보았으나 정서적으로 건강한 사람에 대해 추가로 설명할 내용이 있다.

정서적으로 건강한 사람은 자기를 인식하기 때문에, 그리고 모든 인간은 어느 정도는 불안하기 때문에 이들은 자신이 불안하다는 것을 잘 알고 있으며 때로는 그것이 결점이라고 생각한다. 그러나 전혀 그럴 필요가 없다. 불안은 인간이라면 누구나 경험하는 힘든 상황이며 부끄럽게 여길 일이 아니다. 오히려 자신을 지나치게 사랑하는 것이 문제다. 자기애, 허

세, 거만함은 자기중심적이고 병적인 성향을 조장하는 해로운 성향이다. 자신을 비판적으로 바라보고 평가하는 것은 괜찮은 정도가 아니라 겸손한 행위지만 사람들은 이러한 성향을 비난하는 경우가 많다. 자신을 돌아보는 사람들은 '넌 생각이 너무 많아', '넌 너무 따지고 들어' 같은 비난 섞인 말을 자주 듣는다. 그러나 이렇게 자신을 돌아보는 사람이야말로 통찰력 있고 더 나은 사람이 되고자 노력하는 이들이다. 거울을 들여다보는 일은 용기가 필요하고 힘들지만 어떤 이유에서인지 과소평가된다.

예를 살펴보자. 상담을 받으러 오는 사람들은 대부분 전반적으로 건강하다. 이들은 행복하지 않은 삶이나 잘못에 스스로 책임지고 자신을 적극적으로 도우려는 사람들이다. 그러나 정서적으로 건강하지 않은 사람이 상담받으러 오는 일은 드물다. 이들은 자신의 문제가 자기가 아닌 다른 사람들의 잘못이라고 굳게 믿기 때문이다. 이들은 상담 자체와 상담받으러 가는 사람들을 '제정신이 아니다'라거나 '문제가 있다'는 식으로 말하며 비난하는 경우가 많다. 불행히도 이는 잘못된 인식이다. 상담은 건강을 추구하는 행위로 칭찬받고 권장되어야 한다.

자신에게 문제나 잘못이 있다고 느끼는 정서적으로 건강한 사람이 정서적으로 건강하지 않은 사람을 만나면 그 사람의 자기애와 허세를 자신감으로 착각하는 경우가 많다. 정서적으로 건강한 사람은 자신감이 부족하다고 느끼기 때문에 두 번 생각하지 않고 자기 의견이 절대적으로 맞다고 생각하는 사람들과 함께 있으면 기분이 좋아진다. 또한 통찰력 부족을 안정감으로 오해하고 이런 사람들과 함께 있으면 처음에는 자신감을 느낀다. 그러나 자신의 불안을 받아들이고 정서적으로 건강한 모든 사람들이 불안을 느낀다는 사실을 알고나면 정서적으로 여유 없는 사람에게 속는 실수를 범하지 않을 것이다. 솔직히 정서적으로 건강하지 않은 사람은 건강한 사람과 함께 할 자격이 없다.

관계와 잠재적 파트너를 바라보는 시각에 관해 우리가 받는 교육 방식도 문제다. 예컨대 대부분의 사람들은 잘생긴 사람은 잘생긴 파트너를 만나야 한다고 생각한다. 엄청나게 똑똑한 사람은 역시 그에 맞게 똑똑한 사람을 만나야 한다고 생각한다. 겉으로 보이는 조건이 어울리지 않으면 사람들은 또 다른 외적 조건이 부족한 부분을 채워주기를 기대한다. 예를 들면 매력적이지 않은 남자라도 돈이 많으면 매력 넘치는 여자와 함께 하는 것이 용인된다. 똑똑한 남자가 똑똑하지는 않지만 지역사회에서 명망 높은 가문 출신의 여자를 만나는 것도 마찬가지다. 다시 말해 우리는 관계의 피상적인 면을 중요하게 생각하고 외적인 조건이 맞으면 그 관계가 잘 유지되리라고 생각한다. 우리는 돈, 명예, 아름다움, 지위 등 힘과 관련된 속성이 어울려야 한다고 생각한다. 어쩌면 이 때문에 이혼율이 그렇게 높은지도 모른다.

그러나 외적인 것이 아닌 자질은 그리 중요하게 생각하지 않는다. 성격이나 도덕성 같은 것들은 부차적으로 여긴다. 물론 성격이나 도덕성을 파악하기 힘들기 때문일 수도 있다. 외적인 특징은 보고 이해하기 쉽기 때문에 이를 이용해 사람들을 나누고 이해하는 것도 무리가 아니다. 그러나 그 이상의 무언가가 있다. 사람들은 매력적이지 않은 남자가 매력적인 여자와 함께 있거나 부유하고 성공한 여자가 그보다 못한 직업을 가진 남자와 함께 있으면 못마땅해 한다. 이처럼 외적 특징이 어울리지 않는 커플은 사회에서 설 자리를 잃는다.

사람들은 좋은 인상을 주고 싶은 상대가 있을 때 쉽게 속이고 그렇게 하기 위해 엄청난 노력을 할 수 있다. 다시 말하지만 아기에게 입 맞추는 정치인과 유사하다. 사람들이 보지 않거나 좋은 인상을 주고 싶은 사람이 없을 때 그 사람의 행동이 진짜 내면을 보여줄 가능성이 높다. 음식점 종업원이나 직장의 관리인을 대하는 태도를 통해서도 유추할 수 있다. 자신보다 힘없는 자리에 있는 사람들을 힘 있는 자리에 있는 사람들과 똑같이 대하는가? 아니면 '먹이사슬'에서의 위치에 따라 사람의 가치를 결정하는가?

정서적으로 건강한 사람은 약간 불안한 상태이기 때문에 정서적으로 건강하지 않을 가능성이 있는 사람을 받아들이는 경우가 아주 많다. 정서적으로 건강하지 않은 사람이 안정감 있고 자신감 있는 척하기 때문이기도 하지만 대부분은 정서적으로 건강한 사람이 겸손하고 불안을 인식하고 있기 때문에 스스로 좋은 사람을 만날 자격이 없다고 생각하기 때문이다.

우리의 가치를 결정하는 특징에는 박애주의, 공감 능력, 노력, 책임, 섬세함, 친절 같은 것들이 포함되어야 한다. 이러한 자질을 갖추었고 이 자질을 이용하기 위해 가능한 모든 노력을 기울인다면 그와 마찬가지로 멋진 사람을 만나야 마땅하다. 외모, 돈, 지위 같은 외적인 특징은 원래 맛있는 케이크에 굳이 뿌린 설탕가루 같은 것이다.

그런 사람인 줄 왜 몰랐을까

누군가가 의도적으로 다른 사람에게 창피와 모멸감을 주고 다른 사람의 기분을 존중하지 않으면 인간성이 말살되는데 이는 매우 고통스럽다. 그러나 성숙한 사람은 파트너가 병적인 상태라고 완전히 인식하는 데 어려움을 겪는다. 다음과 같은 이유 때문이다.

첫 번째 이유는 성숙한 사람은 인간을 믿고 사랑하므로 사람의 좋은 면만 보고 싶어하기 때문이다. 이들에게는 사랑하고 믿는 누군가가 자신을 조종하려 하고 비열하게 굴었다고 생각하는 것보다 자신을 탓하는 편이 쉽다.

두 번째 이유는 성숙한 사람은 자신의 분노를 부끄러워하기 때문이다. 분노는 부정적인 감정이고 성숙한 사람은 이를 불편해한다. 그들이 타고난 행복하고 선한 품성과 반대되기 때문이다.

세 번째 이유는 성숙한 사람은 감정의 깊이와 넓이가 고차원적이기 때문이다. 성숙한 사람은 기쁠 때 기쁨이라는 감정을 매우 강하게 느낀다. 공감을 할 때도 매우 강하게 공감한다. 슬픔도 마찬가지다. 그리고 이들은 분노도 심하게 느낀다.

끝으로, 성숙한 사람이 미성숙한 사람과의 관계에서 존엄성을 빼앗기면 엄청난 분노를 느끼기 때문이다. 그러나 이들은 정당하든 아니든 분노를 불편하고 수치스럽게 여기기 때문에 분노에 찬 반응을 이내 창피해하며 재빨리 털어내고 그 상황을 책임진다. 문제는 파트너가 자기 몫의 책임을 절대 지지 않는다는 데 있다. 따라서 잘못을 시인하는 사람은 애당초 부당하게 괴롭힘당한 쪽뿐이다. 미성숙한 사람은 화가 나면 부적절하게 화를 표출할 뿐만 아니라 보복하려 들며 수동적 공격성을 보인다. 이처럼 분노에 대한 반응은 극과 극이다.

성숙한 관계를 위한
자존감 수업

성숙한 사람과 미성숙한 사람의 특징을 구체적으로 알아보았으나 두 가지 유형의 정체성에 관해 더 상세히 알아야 한다.

성숙한 사람의 자존감은 매우 견고하다. 자아 또는 정체성이라고도 이해할 수 있는 이들의 자존감은 매우 굳건해서 부정적인 반응을 잘 견딘다. 부정적인 반응을 경험하는 것은 고통스럽지만 성숙한 사람은 이를 잘 소화해 성장하고 발전한다. 이들은 자신을 돌아보고 분석할 수 있는데 둘 다 자존감이 확고해야 가능하다. 이들은 마음 아프더라도 자신의 잘못을 끊임없이 돌아보고 발전한다. 책임을 맡는 경우도 많은데 책임에 따르는 불편함을 감당할 수 있을 만큼 강하기 때문이다. 근본적으로 성숙한 사람의 자존감에 뼈대가 있다면 필시 나무로 만들어졌을 것이다. 그렇기에 누가 돌을 던져도 자국이나 흠집이 남을 뿐 완전히 무너지지는 않는다.

반면 미성숙한 사람의 자존감은 깨지기 쉽다. 앞서 언급했듯이 이들은 나약한 자존감을 자기애로 보완한다. 이들의 자존감에 뼈대가 있다면 유리로 만들어졌을 것이다. 따라서 돌을 던지면 산산이 부서진다. 이로써 미성숙한 사람이 자존감을 건드리는 모든 일을 막고 피하려는 이유를 알 수 있다. 비난이나 수치심을 피하거나 내치지 않으면 이들의 자존감은 산산조각 난다. 그렇기 때문에 이들은 자신에게 닥칠지 모를 일들을 끊임없이 탐색한다. 그 일을 피하고 역습하기 위해서다. 그렇기 때문에 통찰력이 부족하고 스스로 책임지기 힘들다. 이 두 가지를 위해서는 자신에 대한 부정적인 정보를 계속 떠올릴 수 있어야 하기 때문이다.

이로써 미성숙한 사람이 계속 남 탓을 하는 이유도 알 수 있다. 이뿐만 아니라 이들은 나약한 자존감을 항상 보호해야 하므로 자기 관점과 다른 타인의 관점을 이해하지 않으려 한다.

어쩔 수 없이 책임져야 하는 경우에는 온갖 핑계를 대며 자기 행동을 정당화한다. 그렇게 함으로써 아주 작은 책임도 지지 않고 자신을 계속 지킬 수 있다.

성숙한 사람과 미성숙한 사람이 친밀한 관계를 맺으면 문제가 발생한다. 주로 미성숙한 사람이 성숙한 사람에게 책임을 전가하기 때문이다. 성숙한 사람은 자기를 돌아볼 줄 알고 책임감이 있기 때문에 비난과 창피를 감내한다. 시간이 지나면 이러한 과정은 성숙한 사람의 자존감을 갉아먹고 미성숙한 사람의 자기애를 강화한다.

자존감이 서서히 약해지면 혼란스럽고 수치스러운 감정, 우울, 불안이 생긴다. 해체된 자존감을 다시 단단하게 만드는 데에는 시간이 걸린다. 자존감을 회복하지 않으면 우울과 불안에 사로잡히고 만다.

착한 사람은 성숙한 사람일까

도덕성은 파트너가 성숙한지 아닌지 판단할 때 마지막으로 살펴야 할 영역이다. 도덕성은 어떤 사람이 신을 믿는지 안 믿는지, 교회나 유대교 회당에 가거나 다른 종교 행사에 참석하는지 아닌지에 대한 것이 아니다. 사실 종교는 개인의 도덕적 성숙도와 관련이 거의 없다.

미국의 심리학자 로런스 콜버그 Lawrence Kohlberg 는 도덕성의 발달을 6단계로 나누었는데 이는 '관습 이전', '관습', '관습 이후' 이렇게 세 가지로 구분할 수 있다.

'관습 이전' 단계는 아이들에게 흔히 나타나지만 많은 어른도 이 수준에서 생각하고 행동한다. 이 단계에서는 행동이 자신에게 미치는 직접적인 결과에 초점을 맞춘다.

"지난번에 이렇게 했을 때 벌금을 냈으니까 다시는 그러지 말아야지."

이 단계에서는 행동에 대한 벌이 무거울수록 나쁜 행동으로 인식한다. 이 단계의 사고는 자기중심적이고 자기 의견과 다른 견해에 대한 인식이 부족하다. 이 단계에서는 자신보다 힘과 명성이 있는 존재가 자신에게 어떤 영향을 미치는지 염려하기 때문에 그러한 존재에게 복종한다. 요컨대 다른 사람을 다치게 하거나 파괴적인 행위를 하지 않는 이유는 상처받은 사람에게 공감해서가 아니라 자신에게 원치 않는 결과가 생기기 때문이다.

또한 콜버그는 도덕성 발달의 '관습 이전' 수준에서 '내게 득이 되는 것이 무엇일까'라는 식의 태도가 흔히 보인다고 지적했다. 개인의 이익을 추구하느라 다른 사람들에게 도움이 되는 것이 무엇일지 생각하지 못하며 행동의 결과가 좋으면 그 행동이 옳다고 판단한다. 콜버그는 이렇게 말했다.

"따라서 다른 사람에 대한 걱정은 충성심이나 본질적인 존중을 바탕으로 하는 것이 아니라 '내가 네 등을 긁어 줄 테니 너도 내 등을 긁어주렴'이라는 식의 사고방식에 바탕을 둔다."

콜버그는 관계 안에서 이 수준의 도덕성으로 생각하고 행동하는 사람을 해롭다고 규정했다. 관계에는 외부에서 발생하는 견제와 균형이 많지 않다. 따라서 미성숙한 한쪽이 커플의 자원을 지배하고자 이미 상황을 교묘히 조작했다면 성숙한 파트너의 불만 말고는 나쁜 결과가 발생하지 않을 것이며 미성숙한 사람은 이런 결과에 그다지 신경 쓰지 않을 것이다.

콜버그가 정의한 도덕성 발달의 두 번째 단계는 '관습' 단계다. 이는 사춘기 청소년과 성인에게 주로 나타난다.

"관습 수준에서 추론하는 것은 행동의 도덕성을 판단할 때 그 행동을 사회의 관점과 기대에 견주어보는 것이다. 옳고 그름과 관련된 사회의 관습을 받아들이는 것이 특징이다. 따라서 개인은 안 지켰을 때 나쁜 결과가 발생하지 않더라도 규칙을 지키고 사회 규범을 따른다. 규칙과 관습에 집착하면 융통성이 사라지며 그 규칙이 적합하고 공정한지에 대한 의문을 제기하지 않는다."

한마디로 이 단계에서 도덕성은 여전히 외부적인 힘이 결정하며 좋은 사람이 되는 것이 얼마나 중요한지는 사회 정의가 결정한다. 다시 말해 이 단계에서는 소속 문화에서 옹호하는 바에 따라 옳고 그름을 구분한다.

따라서 사람들은 포괄적인 일반화를 하며 더 비판적이고 구체적인 수준에서 상황을 점검하지 않고 판단한다. 예를 들면 '이혼은 나쁘다', '외도는 나쁘다', '동성애는 나쁘다' 하는 식이다. 상황의 미묘한 차이를 이해하지 않고 해당 문화에서 옳고 그르다고 간주하는 데에 집착한다. '좋은 사람'으로 보이고 싶은 욕구는 사회 지침을 따르고자 하는 동기를 더욱 자극한다. 안타깝게도 이런 이유에서 미성숙한 사람은 자신이 사회적으로 지지를 받는다고 느끼고 다른 사람들보다 도덕적으로 우월하다고 주장한다. 이미 자만에 차 있는 미성숙한 사람과 관계를 맺었을 때 이는 해로울 수 있다. 좋은 사람에 대한 해당 문화권의 인식(예컨대 훌륭한 직업, 근면 성실, 성실한 세금 납부, 사람들에게 적당히 친절한 것 등)을 등에 업은 미성숙한 사람은 관계에 무신경하고 잘 속인다고 불평하는 파트너의 의견을 이내 무시한다. 이들은 사회가 규정한 '좋은 사람'

이기 때문에 파트너의 불만을 '제정신이 아니다'라거나 '지나치게 예민하다'라면서 쉽게 무시한다.

콜버그는 도덕성 발달의 세 번째 단계인 '관습 이후' 단계를 다음과 같이 구분했다.

"원칙에 입각한 수준이라고도 부르는 이 단계의 특징은 개인과 사회는 별도의 개체임을, 개인의 견해가 사회의 견해보다 우선할 수 있음을 깨닫는 것이다. 즉, 개인은 자신의 원칙에 위배되는 규칙을 지키지 않을 수도 있다는 것이다. 관습 이후 단계의 도덕성을 가진 사람은 자신만의 윤리적인 원칙에 따라 살아간다. 대개 이 원칙에는 생명, 자유, 정의 같은 본질적인 인권이 포함된다. 관습 이후 단계의 도덕성을 보이는 사람은 규칙을 도움이 되지만 바꿀 수 있는 장치로 본다. 이들은 전반적인 사회 질서를 유지하고 인권을 보호하는 규칙을 이상적이라고 생각한다. 규칙은 의문의 여지없이 반드시 지켜야 하는 절대적인 명령이 아니다."

'관습 이후' 수준의 도덕성을 바탕으로 생각하고 행동하는 사람의 예로 마더 테레사, 간디, 마틴 루서 킹을 들 수 있다.

한마디로 인간의 생명과 존엄성이 가장 중요한 가치인 것이다. 예컨대 자신이 속한 종교와 문화에서 동성애를 비난할 수도 있지만 세 번째 단계의 도덕성에 이른 사람은 인간의 생명과 존엄성에 중점을 둔다. 따라서 이들은 이 문제와 관련된 해당 문화의 가치를 받아들이지 않는다. 요컨대 인간의 생명과 존엄성이 모든 가치보다 우선하는 것이다.

아동이나 청소년 중 이 단계에 이른 사람은 남과 다르다는 이유로 운동장에서 학급의 아이들에게 모욕당하는 아이를 옹호한다. 어린 사춘기 소녀지만 친구가 다른 무리의 여자아이에 대한 악의적인 소문을 퍼뜨리지 못하도록 막기도 한다. 버스에서 노숙인에게 자리를 내어 주는 청소년도 있다. 자신과 아이들을 못살게 구는 아내와 이혼하는 남자도 마찬가지다.

미성숙한 사람은 도덕성이 높은 사람으로 보이기 위해 무엇이든 하지만 그 도덕성은 진짜가 아니다. 이들의 성격 구조는 자기중심적인 데 뿌리내리고 있기 때문이다. 다시 말해 이들은 다른 사람들 앞에서는 인정 많은 듯이 행동하지만 보는 사람이 없으면 그렇게 하지 않는다.

이제 소개할 도덕성 테스트는 이들이 도덕적으로 어느 수

준인지 파악하는 데 도움이 될 수 있다. 테스트상의 설정에는 정답을 감추기 위해 상충하는 여러 문화적 가치를 담았다. 이 예시는 군 복무 중 순직으로 사랑하는 사람을 잃은 사람의 개인적인 경험일 수도 있다. 이 때문에 상처받거나 혼란스러워진 사람이 있다면 사과를 전한다.

테스트상의 설정에는 외국으로 파견된 고위급 특수 군인 세 명이 등장한다. 이들의 임무는 두 민간인 여자를 우연히 만나면서 위태로워진다. 군인들은 미국인이고 고국에 어린 자식이 있는 가정이 있다. 민간인을 풀어주면 그들이 적에게 알릴 테고 군인들이 적지에서 살아나갈 가능성은 낮아진다. 민간인은 적과 비슷한 인종으로 보였지만 무장하지 않았고 군인들에게 즉각적인 위협을 가하지 않았다. 군인들이 열악한 지형에서 탈출할 시간을 벌고자 민간인을 묶어두면 그들은 극한의 기온과 일대에 퍼진 늑대 때문에 몇 시간 만에 죽을 것이다. 이 상황에서 적들이 포로의 시신을 훼손했다는 사실도 고려해야 했다. 이런 생각을 하자 군인들은 이 때문에 아내와 사랑하는 사람들이 괴로워할까봐 겁나서 마음이 흔들렸다.

군인들에게는 두 가지 선택권이 있었다.

1) 자신들이 살아서 탈출하기 위해 민간인들을 총으로 쏜다.

2) 민간인들을 풀어주고 탈출 가능성이 없는 상황에서 적을 마주한 다음 어쩔 수 없이 죽는다.

어떤 사람들은 민간인을 쏘는 것을 선택한다. 적은 물론이고 민간인도 테러리스트이자 살인자이므로 없애야 한다는 이유도 있을 것이다. 미군들은 용감하고 명예로우며 그들에게는 돌봐야 할 어린 자식이 있는 가정이 있다. 그들이 민간인을 쏜다면 향후 미국인의 생명을 구한 셈일 수도 있다. 물론 이는 사실일 수도 있고 아닐 수도 있다.

적과 연루되어 있을 가능성이 있더라도 민간인은 평소처럼 볼일을 보러 가던 죄 없는 사람이라고 생각하는 이들도 있다. 이 민간인들에게도 자녀와 가정이 있을 수 있다. 이들은 군인들을 공격하거나 위협하지 않았으므로 이 상황에서 잘못이 없다. 이들의 생명도 의미와 가치가 있다. 그러므로 민간인을 죽인다면 테러리스트와 다를 바 없다. 사실 그렇게 할 경우 테러리스트와 똑같아지는 것이다.

정당방위의 경우에는 폭력이 정당하다고 인정될 수 있다. 민간인들이 무장했고 군인들을 암살하려고 했다면 군인들이 총을 쏘아야 하는지에 의문을 가질 필요가 없다. 내 집에 침입한 사람이나 노상강도의 경우도 마찬가지다. 이 경우에는 필요한 모든 수단을 동원해 싸우고 자신을 방어할 이유가 충분하다. 그러나 무고한 사람들이 위험한 존재로 몰려 공격당하는 것은 엄청난 문제가 있다.

국적, 교육 수준, 소속 종교를 비롯해 기질을 나타내지 않는 그 밖의 모든 특징 때문에 한 인간이 다른 인간보다 더 고귀하고 가치 있다고 생각하는 것은 어느 정도까지는 용인된다. 단, 이런 특징 때문에 자신이 다른 사람보다 더 가치 있다고 생각하며 자신에게 타인의 인간성을 빼앗을 권리가 있다고 느끼지 않는다면 말이다.

또한 험담, 허위정보 유포, 혐오에 찬 일반화는 위험하며 모든 인간에게 해를 입힌다. 힘 있는 사람들은 다른 사람들의 공포를 이용하거나 잘못을 뒤집어씌울 나쁜 사람을 만들어내 타인을 효과적으로 조종한다. 역사를 살펴보더라도 이런 전략이 그 어떤 심리적 현상보다 인간에게 더 잔혹한 폭력을 초래했다. 전 세계 인류는 더 이상 약자를 괴롭히는 사람이 통치하도록 허락해서는 안 된다. 이제 영웅이 등장해야 할 때다.

이처럼 '내가 너보다 낫다'라는 사고방식이 부모와 자녀 사이에 생기면 한쪽은 계속 창피를 당하고 수치심을 느낀다. 이들의 존엄성은 자존감과 함께 서서히 완전하게 무너진다. 이런 유형의 관계를 피하는 것은 이혼율, 불안과 우울을 앓는 비율, 우리 문화에 만연한 성격장애 비율을 줄이는 데 가장 중요하다.

3장

무너지지 않는
관계 쌓기 연습 1
:
정서적 친밀감

상대방의 감정과 마음을
이해한다는 것

영화, 노래, 소설을 비롯해 현재와 과거에 창작된 여러 형태의 기록물을 떠올려 보자. 대부분의 영화, 노래, 소설은 친밀해야 할 관계 속의 정서적 거리감으로 인한 고통이나 정서적으로 친밀한 관계에서 경험하는 절대적인 기쁨을 중점적으로 다룬다. 사랑에 빠진 이들에 관한 수많은 사랑 노래는 사실 낯선 사람과의 관계에서 정서적 친밀감을 발견한 일을 노래한 것이다. 사랑에 빠진 감정이 사라지는 이유는 정서적 친밀감이 실종되었기 때문이다. 가슴앓이는 정서적 친밀감이 사라진 상태를 말한다.

정서적 친밀감은 당신이라는 사람 자체로서 이해받고 존중받으며 가치 있게 여겨지는 느낌이다. 또한 당신의 감정이 이해받고 존중받는 경험이다. 안타깝게도 정서적 친밀감은 구체적으로 규정된 적이 없고 부부나 연인 관계, 더 중요하게는 부모와 자식 관계의 최종 목표로 명확히 제시된 적도 없다. 이 두 관계에서 정서적 친밀감은 매우 중요하므로 앞으로의 논의에서 모두 다루겠다.

정서적 친밀감은 이 두 관계의 최종 목표다. 정서적 친밀감이 있어야 공감, 이해, 관용, 용서, 신뢰, 재미, 열정, 타협이 가능하기 때문이다. 정서적 친밀감이 없으면 상처, 실망, 외로움, 분노의 감정이 관계를 지배한다.

감정은 존재의 핵심이다. 우리의 영혼, 정신, 성격은 감정의 집합체를 설명하는 단어들일 뿐이다. 우리는 사소한 것까지 모두 감정에 따라 행동한다. 따라서 파트너나 자녀의 감정을 존중하고 예우하지 않으면 그들에게 상처를 주는 것이다.

감정은 잘못이 없다. 그 감정 때문에 우리가 하는 행동이 이따금 문제를 일으킬 뿐이다.

평범한 인간 모두 느끼는 감정인 질투를 예로 들어보자. 정서적으로 건강한 사람은 자신의 질투심을 쉽게 파악하고 이를 인정하며 우스갯소리를 하기도 한다.

"그녀는 정말 재능 있는 피아니스트야. 나도 저렇게 칠 수 있으면 좋겠어. 너무 질투 나는데. 다음 생에서는 나도 할 수 있겠지."

정서적으로 건강하지 않은 사람은 자신의 질투심을 인정하지 못하며 질투라는 감정을 행동으로 옮긴다. 이들은 피아니스트 몰래 험담을 하거나 소셜미디어에 그녀에 관한 악의적인 메시지를 올릴지도 모른다.

연인 관계의 예를 살펴보자. 앤은 남자친구의 전 여자친구를 질투한다는 사실을 깨닫게 되었다.

"세상에. 루시는 정말 예쁘고 똑똑한데. 두 사람 왜 헤어졌어? 전부 다 가진 여자 같던데. 나 좀 질투 나려고 해."

이렇게 앤이 자기 감정을 인식하고 말로 표현했기 때문에 파트너는 그녀의 감정을 이해하고 앤도 예쁘고 똑똑하다거나 루시는 자다가 방귀를 뀌었다는 등의 이야기로 앤을 안심시킬 수 있었다. 반면 건강하지 못한 파트너라면 앤의 질투심을 비난하며 그녀가 정서적으로 불안하다고 말했을 것이다.
첫 번째 상황에서 앤은 자기 감정을 솔직히 표현했고 파트너는 그 감정을 존중하고 이해하는 동시에 그녀를 안심시켜주기까지 했다. 앤은 파트너에게 친밀감을 느꼈을 테고 파트너는 앤이 약간 질투했다는 사실에 으쓱해질 가능성이 높다. 이렇게 둘 사이의 정서적 친밀감은 높아진다. 두 번째 상황에서 앤의 감정은 존중받지 못했다. 건강하지 못한 파트너는 앤에게 그녀의 감정이 잘못되었으며 그녀에게 정서불안 같은 문제가 있다고 말한다. 이렇게 되면 정서적 거리감이 생긴다.

공감과 존중의 마법

정서적 친밀감을 쌓고 유지하는 첫 단계는 다른 사람의 감정이 옳다고 인정되지 않더라도 그 감정을 존중하는 것이다. 부모와 자식 간의 예를 통해 알아보자.

엄마는 회사 발표 준비로 바쁘다. 그때 딸 몰리가 느닷없이 울고 소리치며 문간에 나타났다.

"학교 싫어! 1학년도 싫어! 1학년 안 할 거야!"

몰리의 엄마는 일을 방해받은 데다가 딸이 형편없는 방식으로 감정을 분출해서 짜증이 났다. 그녀는 당장 몰리를 방으로 데려가 달래 재우고 싶었다. 1학년이 시작되려면 아직 3주가 남았고 그녀의 발표는 내일이기 때문이다. 그러나 그녀는 잠시 생각하더니 몰리의 감정을 우선하기로 했다. 그래서 컴퓨터를 밀어 놓고 공감하려고 시도했다. 그녀는 부드럽고 다정한 목소리로 딸에게 말했다.

"1학년이 된다는 게 정말 싫은가 보구나."

몰리가 대답했다.

"응! 학교 가기 싫어! 안 갈 거야!"

몰리의 엄마는 이번에도 몰리의 감정을 존중해 이렇게 말했다.

"이런, 우리 딸 화가 많이 났네. 1학년이 가장 싫은 게 뭔지 엄마한테 얘기해줄래?"

몰리는 조금 누그러져서 입을 열었다.

"우리 반 선생님이 누구인지 모르잖아. 심술궂은 사람일지도 몰라. 1학년은 너무 힘들고 낮은 너무 길어. 그리고 엄마가 너무 보고 싶을 거야!"

몰리의 엄마는 딸을 끌어안으며 다시 한 번 몰리의 감정을 존중했다.

"정말 큰 걱정거리인데. 심각해. 네가 왜 그러는지 알겠어. 이해해. 그런 걱정거리가 있다면 엄마도 가기 싫겠는걸. 무시

무시한데."

이렇게 말한 엄마는 몰리를 잠시 안고서 머리를 쓰다듬었다. 그런 다음 다시 말했다.

"애야, 네가 걱정하는 일 중 하나라도 실제로 일어나면 엄마가 도와줄게. 넌 혼자가 아니란다. 엄마가 널 도울 거야."

잠시 후 그녀는 공감에서 문제 해결 단계로 넘어갔다. 그녀는 몰리에게 선생님이 누구인지 알아보고 입학 예비 모임에서 선생님을 만나면 된다고 말했다. 또한 친구들 중 누구와 같은 반이 되는지 알아보는 것도 도움이 될 것이라고 했다. 그리고 몰리에게 1학년의 낮 길이는 유치원의 낮 길이와 정확히 똑같으며 곧 익숙해질 것이라고도 했다.

공감은 자신의 감정을 희생해야 하기 때문에 힘들다. 공감하려면 자신의 감정을 옆으로 밀어내고 다른 사람의 감정을 이해하려고 노력해야 한다. 이렇게 할 수 있다면 성숙한 사람이 틀림없다. 누군가에게 그런 식의 감정을 느껴서는 안 된다거나 문제를 어떻게 해결해야 할지 말하는 것은 훨씬 쉽고 희생이 덜 필요하다.

몰리의 경우 논리적으로 따지자면 학교에 심술궂은 선생님은 없으며 유치원 생활도 잘했으니 1학년이 너무 힘들 것이라는 생각은 말도 안 된다고 해야 한다. 또한 유치원의 낮과 1학년의 낮은 길이가 똑같고 유치원에서 낮 시간을 잘 보냈으니 동일한 길이의 1학년 낮도 잘 보낼 것이라고 말해야 한다. 이 말들은 모두 논리적이지만 곧바로 말할 경우 몰리의 감정을 무시하고 부정하게 되고 몰리에게 자기 감정이 틀렸다는 생각을 심어준다. 이는 장기적이고 심각한 세 가지 문제로 이어진다.

자녀에게 그들이 느끼는 감정이 잘못되었다고 말할 때 발생하는 첫 번째 문제는 그들의 자존감이 즉시 손상된다는 것이다. 자기 감정이 잘못되었다는 말을 지속적으로 듣는 아이는 자기 감정을 믿지 못하게 된다. 또한 잘못되었다는 말을 들었기 때문에 자기 감정을 부끄럽게 여기기 시작한다. 이는 아이의 정신 건강에 심각한 영향을 미친다.

두 번째 문제는 이로 인해 자녀와 부모가 정서적 친밀감을 형성하는 데 장벽이 생긴다는 것이다. 자기 감정이 잘못되었다는 말을 계속 들은 아이는 부모에게 더 이상 다가가지 않는다. 그들은 자기 감정, 문제, 두려움, 걱정거리 등을 부모에게 말하지 않는다. 부모에게 말해봤자 상태가 더 나빠지기 때문이다.

"우리 딸은 나한테 말을 안 해요. 앞으로도 그럴 것 같고요."

이는 내가 부모들에게 꾸준히 듣는 말이다. 이런 상황이 벌어진 이유는 부모가 자녀의 감정을 존중하지 않았기 때문이다.

세 번째 문제는 자녀가 두려움이나 걱정거리를 공감받고 이해받지 못하면 그 걱정거리가 사라지지 않는다는 것이다. 걱정은 계속 남아 더 심해지고 아이는 너무 불안한 나머지 무엇 때문에 불안한지조차 모르게 된다. 그러나 공감받으면 아이는 불안을 재빨리 떨쳐버리고 자신감과 안정감 있게 살아나간다.

한 가지 분명히 바로잡고 싶은 중대한 오해가 있다. 부모가 자녀의 감정에 공감하면 자녀의 나쁜 행동을 용납하는 것이라고 생각하는데, 이는 사실이 아니다. 자녀의 감정을 존중하면서도 적절한 결과를 끌어내고 기대를 충족하고 훈육할 수 있다.

"케빈, 네가 많이 화나고 실망했다는 거 알아. 하지만 책가방을 집어던지는 행동은 옳지 않아."

이렇게 말하는 것으로 간단히 해결할 수 있다.

정서적 친밀감을 쌓고
유지하는 법

정서적 친밀감을 쌓고 유지하는 첫 번째 단계는 공감이다. 이는 사랑하는 이의 감정이 내 감정과 아무리 다르더라도 그 감정을 존중하고 귀하게 여기는 것이다. 두 번째 단계는 관계에서 책임 있는 사람이 되는 것이다. 관계를 맺은 각 당사자가 자신이 저지른 무신경하고 이기적인 일에 책임지지 않는다면 분노와 상처가 계속되고 불신이 눈덩이처럼 커진다.

잭과 다이앤의 경우를 살펴보자.

다이앤은 직장에서 중요한 발표를 앞두고 긴장하고 있었다. 잭은 발표 당일 아침에 그녀를 응원하며 용기를 북돋아

주었고 다이앤은 응원을 받아 든든한 기분으로 집을 나섰다.

그녀는 처음에는 긴장했지만 꽤 까다로운 발표를 잘해냈다.

발표를 하고 나자 마음이 놓였지만 성공적이었다는 것을 확

인받고 싶었다. 그녀는 발표하는 장면을 촬영한 동영상을 잭

에게 보내고 어떤지 물었다.

시간이 지날수록 다이앤은 잭의 대답을 초조하게 기다렸

다. 저녁이 되어 집으로 돌아간 그녀는 잭에게 동영상을 볼

시간이 있었는지 물었다. 그는 그날 휴가였지만 다른 일들을

처리하느라 바빠서 시간이 없었다고 했다. 다이앤은 상처받

았다. 그날 밤 그녀는 일찍 잠자리에 들었다.

다음 날 아침 잠에서 깬 다이앤은 기분이 훨씬 나아졌다.

잭이 시간 날 때 발표 동영상을 보고 평가해주리라는 확신이

들었다. 그래서 그녀는 잭의 문자메시지를 기대하며 활기차

게 출근했다.

정오 무렵 다이앤은 잭에게 문자메시지를 보내 다시 의견

을 물었다. 잭은 '오늘 중으로 보겠다'라고 답했다. 그날 두

사람은 저녁식사를 함께 하기로 했기 때문에 다이앤은 잭에

게 문자메시지가 오지 않더라도 저녁을 먹으며 이야기할 시

간이 많으리라고 생각했다. 그러나 다이앤이 집에 도착했을 때 잭은 문 밖으로 황급히 뛰어나가고 있었다. 다음 주말에 열릴 고카트[go kart]◆ 대회를 위해 아이들이 탈 고카트를 이웃과 함께 만들기로 한 일을 잊었던 것이다.

다이앤은 마음이 몹시 아팠다. 화나고 실망하고 상처받은 그녀는 저녁 내내 속을 끓였고 잭이 집으로 돌아오자 상처받고 화났다고 말했다. 잭은 화를 냈다. 그는 아이들을 돌보느라 바빴고 아이들이 우선이라고 말했다. 또한 다이앤에게 안정을 찾고 그렇게 '과민반응'하지 말라고도 했다.

다이앤은 울컥 화가 났다. 그러면서도 너무나 단호한 잭의 태도를 보고 자신에게 의문이 들기 시작했다. 그녀가 불안이 심해서 안심해도 될 일에 확인을 요구하는 것일까? 다이앤의 분노와 상처는 여전히 남았지만 그녀는 자기 자신과 자신의 판단을 돌아보았다.

〰〰 경주용 소형 자동차-옮긴이

두 사람 관계에서 한 사람이 책임을 회피하면 정서적 거리감이 생긴다. 화와 상처가 계속 남아 결국에는 참을 수 없는 분노와 불신이 되기 때문이다. 잭이 다이앤과 함께 차분히 앉아서 사려 깊지 못하고 무신경하게 굴어서 미안하다고 사과했다면 다이앤의 부정적인 감정은 이내 사라졌을 테고 정서적 친밀감이 회복되었을 것이다. 사실 갈등을 해결하고 나서 두 사람이 더 가까워질 수도 있다. 또한 잭은 이런 실수를 반복하지 않기 위해 최선을 다해 노력할 것이다.

책임이 부족하면 파트너는 극도로 좌절하고 상처받고 화난 채 상당한 시간을 보내게 된다. 다른 사람이 귀담아듣지 않아서 자기 감정을 끊임없이 방어하고 정당화하는 일은 매우 피곤하다. 이 경우 대개 파트너는 둘 중 하나를 선택한다. 자신이 과민 반응했고 불안하다는 상대의 의견을 받아들이거나 자신이 받은 부당한 대우에 안주하며 지내는 것이다. 안타깝게도 둘 다 건강하지 못한 선택이고 어느 쪽을 선택하든 정서적 거리감은 더 커진다.

이런 상황에서 속기 쉬운 요인이 있다. 미성숙한 사람일지라도 관계 밖에서는 스스로 책임지기도 한다는 점이다. 그들의 부정적인 행동에 뒤따르는 결과가 있기 때문이다. 예컨대 미성숙한 사람일지라도 직장에서 저지른 실수나 친구에게 한 실수에는 책임을 진다. 이 영역에는 견제와 균형이 있기 때문이다. 그러나 부부나 연인 관계에서는 자신이 주도권을 쥐고 있다고 생각하기 때문에 책임을 회피한다.

요컨대 미성숙한 사람은 매우 구체적인 조건을 바탕으로 세상을 살아나간다. 스스로 인식하든 못하든 이들의 눈에는 두 가지 유형의 인간이 존재한다. 자기보다 더 큰 권력이 있어서 잘 보이고 싶은 사람들과 자기보다 힘없는 사람들이다. 이 두 가지 유형의 사람들과 함께 있을 때 미성숙한 사람이 보이는 행동의 차이는 엄청나다. '지킬 박사와 하이드 씨' 같은 인격의 소유자로 보일 정도다. 또한 그들이 이 두 가지 유형의 사람을 대하는 태도 역시 극과 극이다. 좋은 인상을 주고 싶은 사람들과 함께 있을 때 이들은 완전히 복종하며 책임 있는 사람인 체한다. 그러나 자기보다 힘없다고 생각하는 사람들을 대할 때는 무례하고 오만하고 무신경한 경우가 많다.

이러한 역학 관계를 이해하기 위해 반드시 알아야 할 미묘한 차이가 또 있다. 미성숙한 사람은 자신의 행동으로 인한 결과나 처벌에 있어 유치한 태도를 보인다는 점이다. 이들은 상사, 법조계 관련자, 변호사 같은 사람들이 강제했을 때와 스스로 책임지지 않으면 엄청난 일이 벌어질 때만 책임진다.

그러나 이런 결과가 발생하지 않으면 자기 마음대로 할 권리가 있다고 생각한다. 이제 이들이 '난 잘못이 없어. 네 잘못이야'라는 생각이 정당하다고 느끼는 이유를 알 수 있다. 부부나 연인 관계에서는 파트너가 헤어지기를 원하거나 무언가를 요구하지 않는 한 심각한 결과는 생기지 않는다. 혹시 파트너가 이별이나 다른 무언가를 요구한다면 미성숙한 사람은 자신이 원하는 것을 얻기 위해 거짓으로 책임지겠지만 원하는 것을 얻고 나자마자 전과 똑같이 계속 무신경하게 행동할 것이다.

불행하게도 미성숙한 사람은 거의 항상 자기애에 빠져 있기 때문에 파트너를 자기보다 가치 없는 사람으로 여기고 항상 자신이 옳고 상대방이 틀리다고 착각한다. 이때 자기 자아를 돋보이게 하기 위해 파트너를 과시하기도 하기 때문에 혼란스러울 수 있다. 예를 들면 아내가 의사라든지 슈퍼모델이라고 다른 사람에게 자랑하는 경우다. 그러나 이는 자기 자아를 과장하기 위해서다. 이들은 자신을 돋보이게 하기 위해 파트너를 이용한다. 그러나 집에 가기가 무섭게, 즉 사람들에게 좋은 인상을 줄 필요가 없어지자마자 파트너를 다시 부당하게 대한다.

아이와 함께
정서적 친밀감 쌓기

    부모와 자식 관계에서도 이와 비슷한 역학 관계를 찾아볼 수 있다. 부모는 권위가 떨어진다는 이유로 자기 잘못을 인정하지 않는 경우가 많다. 이는 사실과 거리가 멀다. 아무리 훌륭한 부모라도 완벽할 수는 없다. 완벽에 가까울 수조차 없다. 실수를 인정하는 것은 실수를 반복하지 않는 첫 단계다. 큰 그림을 보면 실수야말로 우리를 사람으로 성장시키고 인간으로 발전시킨다. 그 실수를 인정하기만 한다면 말이다.

    아이들은 자기 부모가 완벽하지 않다는 것을 본능적으로 안다. 그럼에도 불구하고 부모를 사랑한다. 따라서 자녀와의 관계에서 부모가 실수를 인정하지 않더라도 자녀를 속일 수는 없다. 아이들은 대부분 알고 있다. 부모가 책임을 회피하는 방법을 자녀에게 가르치는 셈이다. 부모가 스스로 책임지면 신뢰, 겸손, 다음에는 더 나으리라는 희망이 싹 터 관계가 돈독해진다. 이는 아이의 성격, 자존감, 정신 건강에 매우 중요한 요소다.

스스로 책임질 줄 아는 자녀로 기르는 방법은 부모가 모범을 보이는 것뿐이다. 자녀는 부모가 관계에서 책임지는 경험을 하고 나면 스스로 책임지는 법을 배우고 자연스럽게 따라 한다. 자녀가 책임을 경험하게 하는 대신 벌로 책임을 가르치려 하면 자녀는 남을 탓하고 행동에 대한 책임을 면하기 위해 부정직한 행동을 할 것이다. 부모와의 관계에서 경험한 것이기 때문이다.

책임에 관해 부모들이 두 번째로 걱정하는 점은 부모가 실수를 인정하면 자녀의 잘못된 행동을 봐주는 셈이 되지 않을까 하는 것이다. 그렇지 않다. 부모가 실수를 저지르고 이를 인정한다고 해서 자녀가 즉시 책임을 면하게 되지는 않는다. 관계에서 부정적이거나 문제가 되는 요인이 생기면 각 당사자는 반드시 자기 몫의 책임을 져야 한다. 그래야만 다음에는 다르리라는 희망이 생긴다. 부부나 연인 관계에서도 마찬가지다.

부모는 자기 실수를 인정함으로써 자신을 들여다보는 통찰을 할 수 있다. 물론 이는 때로 고통스러울 수 있다. 그러나 통찰은 우리가 발전하고 더 나은 사람이 되는 데 도움을 준다. 또한 관계에서뿐만 아니라 삶에서도 성공할 수 있도록 해준다. 타미와 엄마 에이미의 예를 살펴보자.

어느 날 저녁 에이미는 친구들과 저녁식사 자리에 타미와 딸을 데리고 가려지만 타미가 협조하지 않았다. 타미는 특별한 동전을 어디에 두었는지 잊어버려서 투덜대고 있었다. 에이미는 저녁식사를 마치고 집에 돌아와서 찾도록 도와주겠다고 설득했지만 타미는 그녀의 뜻대로 해주지 않았다. 타미는 계속 울면서 그 동전을 왜 꼭 찾아야 하는지 큰소리로 외쳤다. 에이미는 계속해서 타미를 설득하며 저녁식사 후 집에 돌아오자마자 찾도록 돕겠다고 약속했다. 그러나 타미는 요지부동이었다. 좌절한 에이미는 결국 타미를 꽉 붙들고 말했다.

"아들아, 세상은 널 중심으로 돌아가지 않아. 사람들이 우리를 기다리고 있다고!"

타미는 엄마의 눈을 보며 나지막이 대답했다.

"세상이 엄마 중심으로 돌아가는 것도 아니잖아요."

에이미는 놀라서 멍해졌다. 아들의 말이 의미하는 바를 헤아리느라 머리가 지나칠 정도로 열심히 돌아갔다.

"내가 세상이 내 중심으로 돌아가는 것처럼 행동했니?"

그녀가 묻자 타미가 대답했다.

"네, 엄마가 책 쓸 때요."

에이미는 다시 한 번 당황했다. 그녀는 타미의 말을 곰곰이 생각했고 뭔가가 떠올랐다. 에이미는 책 쓸 때 필요한 자료를 찾지 못하면 사소하게 짜증을 냈다. 그녀는 타미를 보며 말했다.

"내가 책 쓸 때 필요한 걸 찾지 못하면 짜증을 냈지."

타미는 고개를 끄덕였다. 에이미는 아들을 보며 물었다.

"그러니까 넌 나한테서 배운 거고?"

타미는 다시 한 번 고개를 끄덕였다. 그러자 에이미는 사과했고 다시는 책에 쓸 자료를 못 찾았다고 해서 짜증내지 않겠다고 했다. 타미는 그녀를 끌어안으며 자기도 그러지 않겠다고 했다. 그리고 재빨리 재킷을 입고 차로 향하며 저녁식사에 갈 준비를 했다.

부모라면 아무리 바빠도 자신의 행동을 바로잡고 자녀와의 관계에서 깊이 있는 대화를 나누어야 한다. 이뿐만 아니라 자녀가 부모에 대해 뭔가를 말하면 반드시 귀담아들어야 한다. 그날 밤 타미는 엄마를 몇 번이나 끌어안으며 말했다.

"엄마, 사랑해요."

타미는 행동에 스스로 책임졌을 뿐만 아니라 자신의 감정을 해결하는 데에도 도움을 준 엄마가 매우 친밀하게 느껴졌다. 에이미는 아들을 겁주지도 벌하지도 않았다. 그저 잘 들어주었다. 자녀가 당신에 대해 말하는 것을 믿어야 한다.

정서적 친밀감의 등식

상대방에 대한 공감 + 관계 내에서 개인이 지는 책임 = 정서적 친밀감

정서적 거리감을 좁히려면

우리는 흔히 공감과 연민을 혼동한다. 연민은 공감이 아니며 정서적 친밀감에 도움이 되지 않는다. 연민은 겉으로는 친절해보인다. 실제로 친절한 행위다. 그러나 상대를 무력하게 만들기도 한다. 앞서 살펴보았듯이 공감은 평등한 관계에서만 가능하다. 파트너가 연민을 표하면 겉으로는 친절해보이기 때문에 쉽게 속을 수 있다.

예컨대 신체 장애가 있는 사람에게 "걷지 못한다니 정말 안타깝네요. 제가 업고 계단을 올라갈게요"라고 말하는 사람은 상호 관계 속에서 힘세고 유능한 영웅으로 보일 수도 있지만 장애인을 무력하고 구원이 필요한 존재로 여기고 있다. 반면 "제가 도와드릴까요?"라고 묻는 사람은 이해심 있고 인정 많으면서도 장애인의 존엄성을 훼손하지 않았다. 물론 불이 났다면 비장애인이 장애인을 안전한 곳으로 데려다 주는 것이 바람직하다. 그러나 일상적인 상황에서는 상대의 권한을 존중하는 시간을 갖고 '구원자' 역할을 삼가야 한다.

부부나 연인 관계에서도 같은 개념이 작용한다. 한 사람이 어렵고 힘든 상황을 털어놓았을 때 파트너가 문제 해결책을 즉시 말해버리면 상대방은 무력감을 느낀다. 반면 파트너가 상대방의 감정을 이해하려 애쓴 다음 도울 일이 없을지 묻는다면 상대방의 권한을 존중하는 것이다.

또한 파트너가 털어놓는 힘든 이야기를 들을 때는 공감이 매우 중요하다. 이는 상심한 파트너를 응원하고 돕는 데 꼭 필요한 단계다. 공감하려면 특별한 마음가짐이 필요하며 자기 감정을 잠시 밀어두고 파트너의 감정을 느껴보려 노력해야 한다. 이처럼 과정이 힘들지만 공감은 매우 중요하다. 파트너의 감정을 헤아린 뒤에는 다음과 같이 말할 수 있다.

"거스와 함께 있을 때 무능하다는 느낌이 들었구나. 그 기분 정말 끔찍하지. 이해해. 내가 당신이었어도 똑같은 기분이었을 거야."

여기에서 핵심은 파트너가 둘 관계 이외에서 문제를 겪었을 때뿐만 아니라 당신에게 화났을 때도 공감해야 한다는 것이다. 이는 매우 어려울 수 있다. 누군가가 문제를 제기하면 대개 당사자는 본능적으로 성급하게 자기를 방어하기 때문이다. 그러면서 수차례 자기 행동을 해명하고 정당화하려 한다. 그러나 이는 파트너의 감정을 거스르는 행동이다. 누군가의 감정을 존중하는 것은 잘못을 즉각 인정하는 것이 아니라 공감을 확실히 표현하는 방법이며 파트너가 무슨 일로 상처받았든 치유해줄 것이다.

케이티와 에드의 예를 살펴보자. 에드는 케이티와 진지하게 사귀는 상황에서 전 여자친구와 점심을 먹었고 그 사실을 케이티에게 말하지 않았다. 화가 나고 속상한 케이티는 에드에게 따졌다. 에드는 자신에게 잘못이 없으며 만남의 이유에 거리낄 것이 없다고 격렬하게 항변했고 케이티는 그 말을 믿었다. 그러나 그녀와 화와 상처는 사라지지 않았다. 케이티는 에드와 멀어진 기분이었고 그와의 관계에서 방어적으로 행동했다. 결국 에드는 이 지독한 갈등을 해결하려면 공감이 필수라는 것을 깨달았다. 그래서 그는 이렇게 말했다.

"내가 크리시와 점심 먹었다는 걸 알고 나서 네가 배신당한 기분이고 상처받았다는 거 알아. 네게 상처 줘서 정말 미안해. 그것만은 하고 싶지 않았는데. 내가 너였어도 속상했을 거야."

이렇게 공감한 다음 왜 만났고 왜 케이티에게 솔직하게 말하지 않았는지 해명했다. 이처럼 공감이 먼저, 해명은 그 다음이어야 한다. 파트너에게 공감하는 것은 단순히 잘못을 인정하는 것이 아니다. 공감은 둘 사이의 틈을 메우고 의심과 불신을 버리고 행복하게 앞으로 나아가기 위해 꼭 필요하다.

두 사람 사이에 정서적 거리감이 있을 때 성숙한 사람은 미성숙한 사람에 비해 거리감을 더 심하게 느낀다. 성숙한 사람은 다른 사람과 교감하며 살기 때문이다. 이들은 쉽게 공감하고 대체로 매우 사랑스러운 성격의 소유자들이다. 이들은 사랑하기 위해, 그리고 사랑받기 위해 사랑한다.

성숙한 사람을 모욕할 의도가 전혀 없음을 전제하고 비유하자면 이들은 래브라도 리트리버와 많이 닮았다. 충실하고 진심이 있고 사랑스럽고 이타적이다. 그러나 파트너가 사랑을 주지 않고 거의 모든 일에 그들을 탓하고 무신경한 언행을 한다면 정서적으로 여유 있는 이들은 고통스러워한다. 다시 한 번 모욕할 의도가 없다는 전제하에 말하자면 이들은 쓰다듬거나 안아주지 않는 주인을 만난 레브라도 리트리버와 닮았다. 리트리버는 자기를 탓하기 시작하며 필시 우울해진다.

미성숙한 사람은 정서적 거리감을 넓히는 일만 할 수 있기 때문에 관계에서 고통받지 않는다(물론 스스로 우월감을 느끼고 이득을 취하기 위해 다른 사람을 깎아 내리고 비난하는 일도 잘한다). 이들은 파트너의 부족함을 자주 불평하지만 이는 주기적으로 발생하는 일의 일부이며 실제로는 둘의 관계가 매우 좋다고 생각한다. 불가피한 일이 생기기 전까지는 말이다. 여기에서 말하는 불가피한 일이란 성관계다. 성숙한 사람은 오랫동안 정서적 거리감을 느끼면 육체적으로 친밀해지고 싶은 욕구를 잃기도 한다. 그 이유는 명백하다. 속이 깊고 세심한 이들은 성관계를 깊은 교감과 사랑과 연관 지어 생각한다. 따라서 이러한 감정이 없는 성관계를 힘들어하는 경우가 많다. 그러나 미성숙한 사람은 언제든 원할 때 성관계를 할 권리가 자신에게 있다고 생각하여 상대를 매우 집요하게 괴롭힐 수 있다. 그러면 성관계를 회피했다는 죄책감을 느낀 성숙한 사람은 관계에서 이기적이고 냉정한 쪽은 자신이라고 생각하게 된다. 사실은 정반대인데도 말이다.

또한 성숙한 사람은 오랫동안 무시당하면 사랑을 갈구하기 시작한다. 이때 냉랭하고 고통스러운 관계에서 주의를 돌리기 위해 자녀들에게 모든 것을 쏟아붓거나 일에 매진하는 경우가 많다. 때로는 공허함을 채우려고 취미나 여러 활동에 뛰어들기도 한다. 그러면 질투가 나서 파트너가 행복해하는 모습을 두고 보지 못하는 미성숙한 파트너는 극도로 화가 난다. 당연히 관계에는 적대감이 더욱 커진다.

4장

무너지지 않는
관계 쌓기 연습 2
:
공감 능력 되살리기

인간관계에서
공감이 사라진 이유

    대부분의 관계는 공감으로 사랑과 평화를 찾을 수 있다. 공감으로 세상을 더 나은 곳으로 바꿀 수 있고, 공감 덕분에 우리가 신체적 한계를 초월할 수 있고, 공감으로 자녀를 행복하고 정서적으로 건강하게 기를 수 있다. 그런데 우리는 왜 공감하지 않을까? 당혹스러운 질문이다. 공감이 직업인데도 진심으로 공감하지 못하는 전문가들에게는 더욱 그럴 것이다.

    상담치료가 효과를 발휘하는 이유는 공감 때문이다. 많은 상담치료사들이 전문가로서 내담자에게 조언하고 그들을 응원하고 그들이 문제를 해결하도록 돕고 싶어하지만 이런 것들이 내담자를 치유하지는 못한다. 이런 것들로는 내담자의 상태가 나아지지 않는다. 조언이나 응원 같은 것들이 다양한 환경에 처한 여러 내담자의 상황을 개선할 수 있을까? 물론 그럴 것이다. 그러나 그런 것들이 내담자의 삶에 긍정적인 변화를 장기적으로 꾸준히 줄 수 있을까? 그렇지 않다. 조언, 문제 해결, 권고 이전에 공감의 회복이 반드시 선행해야 한다.

공감은 모든 관계에서 신뢰, 존중, 친밀감을 형성하는 열쇠다. 그러나 공감은 황금색 다이아몬드만큼이나 희귀하다. 우리가 자녀들에게 하라고 가르치는 것은 공감의 부도덕한 여동생 격인 연민이다. 연민은 역효과를 낳으며 앞서 설명했듯이 이기적이고 자신을 위하는 행동으로 이어진다. 사람들이 소설, 영화, 텔레비전 프로그램 속 인물들에 공감할 수 있다면 우리의 일상생활 전반에 공감이 존재하지 않을 이유가 없다.

그렇다면 우리 삶에서 가장 중요한 공감은 왜 실종되었을까? 더 중요한 질문으로 우리의 가장 소중하고 중요한 관계에서 왜 공감이 사라졌을까? 이 질문에는 아래 몇 가지로 답할 수 있다.

1) 성격장애가 있는 사람들에게는 공감 능력이 부족하다. 성격장애로 진단받지는 않았더라도 실제로 성격장애가 있는 사람들이 많다.

2) 사람들이 공감하는 방법을 모른다.

3) 사람들이 자기 감정에만 지나치게 몰두한 나머지 다른 사람들의 감정을 헤아리지 못한다.

4) 사람들은 타인에게 이래라저래라 명령하듯 말하는 경향이 있다. 그렇게 함으로써 자신에게 힘이 있다고 느끼기 때문이다. 먼저 감정에 공감하지 못하면 조언은 이기적인 행위가 되기 쉽다. 이때 조언은 상처받은 사람을 더욱 무력하게 한다. 먼저 상대의 감정에 공감한 다음 함께 문제를 해결하려고 노력하는 과정에서 자연스럽게 나오는 조언이 효과적으로 받아들여질 수 있다.

상대방에게 진심으로 공감하는
3단계 법칙

다른 사람에게 공감하는 방법을 반드시 짚고 넘어가야 한다. 공감에는 세 가지 단계가 필요하다. 누군가에게 공감하는 첫 단계는 마음을 의식적으로 이동하는 것이다. 즉, 해당 상황에서 내가 느끼고 생각하는 것에서 다른 사람이 느끼고 생각하는 것으로 옮겨가는 것이다. 이러한 마음의 이동은 가장 어려운 단계다. 일단 이동에 성공하고 나면 그 상황에 대한 내 감정과 생각을 의식적으로 제쳐 둔 다음 다른 사람의 생각과 감정을 이해하려고 노력해야 한다. 여기까지 왔다면 반 이상 된 셈이다.

두 번째 단계는 상대방의 감정을 파악하고 인정하는 것이다. 세 번째 단계는 상대방과 협력하여 앞으로 어떻게 할지 이야기하는 것이다.

1단계: 상대방의 마음속으로 들어가기

첫 단계가 가장 어려우므로 이 단계의 구체적인 예를 살펴보며 도움을 얻자.

남편이 직장에서 부하직원을 괴롭히는 상사와의 갈등 때문에 심란한 상태로 집에 돌아왔다고 가정해보자. 상사가 여러모로 잘못했으니 상사에게 이메일을 보내거나 직접 만나서 항의하라고, 아니면 인사팀이나 동료와 의논해보라고 하는 등 이런저런 문제 해결 방안을 알려주고 싶은 마음이 먼저 들 것이다. 그러나 이는 파트너의 기분을 풀어주는 데 도움이 되지 않는다. 사실 이런 반응은 파트너의 기분을 더 상하게 하고 두 사람 사이에 갈등을 초래할 수 있다.

파트너를 성공적으로 도우려면 우선 그 상황에 대한 내 감정과 생각을 제쳐두어야 한다. 그런 다음 파트너가 어떤 기분일지 신중하게 생각해보자. 남편은 상사가 책임을 다하지 않아서 기분이 나쁠까? 실수를 해서 스스로 무능하게 느낄까? 상사가 약속을 지키지 않아서 실망했을까? 이런 식으로 파트너의 기분을 파악해야 한다.

"승진하지 못해서 실망한 모양이네. 당신은 자격이 충분한데. 내가 당신이었어도 실망했을 거야."

그러나 갈등이 있는 관계에서는 이 단계가 더욱 어려워진다. 예를 들어보자.

앤은 남편과 딸이 선물도 준비하지 않고 자기 생일을 대충 넘겨서 상처받았다. 두 사람은 앤을 위해 저녁식사를 요리해주었지만 앤은 그들이 더 성의를 보이지 않아서 짜증이 났다. 다음 날 남편에게 이런 기분을 털어놓자 남편은 성의를 보이지 못한 몇 가지 이유를 말했다. 지난주에 앤이 입원했고 그 때문에 가족이 아직 평범한 일상으로 돌아가지 못했다고 생각한 것도 이유 중 하나였다. 남편은 앤이 저녁식사를 하러 나갈 만큼 기운을 차렸는지 몰라서 음식점을 예약하지 않았다. 그리고 막내딸이 다음 주에 집에 다녀갈 예정이라 그때

근사한 곳에서 저녁식사를 하며 선물을 건네는 것이 더 의미 있을 것이라고 생각했다. 그러나 안타깝게도 그 어떤 이유나 핑계도 앤의 기분을 푸는 데 도움이 되지 못했다. 오히려 화를 돋우기만 했다. 앤과 남편은 이 일로 언쟁하지 않으려고 며칠 동안 서로 피해 다녔다.

2단계: 상대방의 감정 인정하기

첫 번째 단계에서 상대방의 마음으로 옮겨갔으면, 상대방의 감정을 파악하고 인정하는 두 번째 단계로 바로 이어가야 한다. 이 상황을 효과적으로 해결하려면 상처받은 쪽의 감정을 파악하고 인정하여 공감하는 것이 반드시 필요하다. 따라서 이렇게 대답하는 편이 나았을 것이다.

"당신 정말 상처받았구나. (잠깐 멈춘 뒤) 우리가 당신에게 신경 쓰지 않는다고 느꼈겠어. 정말 미안해. 당신 마음 아프게 할 생각은 절대 아니었어. 오늘 저녁식사 하러 나가자."

공감은 다정한 태도와 진심을 다해 위로하는 말투로 부드럽게 눈을 바라보며 할 때만 효과가 있다는 것을 명심하자. 포옹까지 한다면 더할 나위 없이 좋다.

파트너의 감정을 파악한다는 것이 혼란스러울 수 있지만 실상은 그렇지 않다. 파트너가 속상해할 때 선택할 수 있는 감정의 종류를 간단한 목록으로 정리하면 다음과 같다.

파트너가 느끼는 감정은 무엇일까?

1) 분노	8) 사랑받지 못함
2) 상처	9) 인정받지 못함
3) 실망감	10) 보잘것없음
4) 배신감	11) 감정을 주체할 수 없음
5) 수치심	12) 절망감
6) 당황스러움	13) 걱정
7) 슬픔	14) 무기력함

다시 말하지만 파트너의 감정을 파악하려고 할 때는 반드시 진심을 다해 다정하게 말해야 한다. 눈을 바라보며 신체적으로 가까운 거리에서 말하는 것 역시 중요하다. 진심이 아니라면 파트너는 공감을 시도하는 당신이 잘난 체한다고 느낄 것이다. 공감할 때는 마음에서 우러난 말을 해야 한다.

분노에 대해 반드시 명심해야 할 사항이 있다. 분노는 아주 심한 마음의 상처다. 사람은 정서적으로 심하게 고통스러울 때 자신을 보호하기 위해 이러한 극심한 상처를 막는 경우가 많다. 때로 분노는 가장 빠른 방어 수단이며 남자들에게 가장 일반적인 방어 수단인 경우가 많다. 남자들은 약한 모습을 보이거나 눈물을 흘리면 안 된다고 생각되는 경우가 많기 때문이다. 따라서 파트너가 당신에게 몹시 화를 낸다면 당신이 어떤 면에서든 실제로는 그 사람의 감정에 심하게 상처를 주었을 가능성이 있다. 이때 반드시 파트너의 분노와 상처를 파악하고 인정해야 한다.

"당신 나한테 정말 화나고 상처받았구나. 이해해."

그러나 이는 매우 어렵다. 일반적으로 누군가가 당신에게 화를 내면 재빨리 자신을 옹호해야 할 것 같은 기분을 느끼기 때문이다. 그러면 안 된다. 분노의 실제 모습은 상처라는 것을 기억해야 한다. 언쟁하거나 자신의 행동을 옹호하거나 그 행동에 대한 이유를 제시하면 갈등이 심해지고 상처에 다시 불이 붙는다. 상대의 감정에 충분히 공감한 다음 왜 그런 행동을 했는지 설명하고 사과해야 한다.

한 가지 또 알아야 할 점은 파트너 본인조차 자신의 감정을 제대로 알지 못할 수도 있다는 것이다. 그들은 단순히 상처받고 화났다고만 생각한다. 파트너의 이런 상태를 인정하는 것은 매우 바람직하다. 이 경우 다음과 같은 말만으로도 공감을 나타낼 수 있다.

"당신 화가 많이 났구나. 정말 상처받았겠어."

걱정스러운 마음으로 진심 어린 인정을 담아 하는 이런 말들이 때로는 파트너에게 필요한 공감의 전부다. 공감은 그 정도로 힘이 있고 변화를 만들어낸다.

중요한 점은 파트너에게 공감하는 것이 언제나 잘못을 인정한다는 뜻은 아니라는 것이다. 관계 당사자 한쪽에게 정말 아무런 잘못이 없을 때는 벌어진 상황에 책임지지 않고 파트너에게 공감할 수 있다.

예컨대 줄리와 저녁식사를 하고 있는 밥에게 전 여자친구가 다가왔다고 가정해보자. 줄리가 화장실에 간 사이에 밥에게 전 여자친구가 다가와 그의 옆자리에 앉았다. 줄리가 돌아왔을 때 전 여자친구는 하려고 마음먹은 이야기를 한창 쏟아내고 있었다. 줄리는 식탁을 사이에 두고 마주 앉았고 저녁식사를 방해받은 일에, 그리고 밥에게 화가 났다. 음식은 식어 갔고 그녀의 기분은 점점 안 좋아졌다. 마침내 전 여자친구가 독백을 마치고 밥과 포옹한 뒤에 여봐란듯이 떠나갔다.

이때 밥이 가장 먼저 보이는 반응이 중요하다. 그 반응에 따라 평화롭고 멋진 저녁식사가 이어질 수도 있고 완전히 망쳐질 수도 있다. 밥은 무슨 말을 해야 할까? 다음 보기에서 골라보자.

A) 화났지? 당연히 그럴 거야. 나도 너무 화가 나.

B) 난 아무것도 안 했어. 그 여자가 그냥 앉더니 말하기 시작했어. 네가 화장실에 너무 오래 있었어.

C) 네가 정말 실망했을 거야. 몇 달 전부터 오늘 저녁식사를 계획했는데. 배신감도 들 거야. 다 이해해. 나라도 그런 기분일 거야. 그녀가 잠깐이라도 말을 멈췄더라면 그만 가달라고 할 수 있었을 텐데.

D) 그녀가 날 잊지 못한 게 틀림없어. 나랑 다시 잘해보고 싶어하는 것 같아.

A와 C가 공감하는 말로 들렸기를 바란다. 분노, 상처, 실망

감, 배신감을 파악하고 인정했기 때문이다. 밥은 줄리의 감정에 공감했으나 잘못을 인정하지는 않았다. 그의 잘못이 아니기 때문이다. 밥은 어쩔 수 없는 상황에서 줄리가 느낀 감정에 분명 공감했다.

여기에서 주목해야 할 중요한 점이 있다. 상황에 대한 변명을 곧장 길게 늘어놓으며 방어적으로 행동하면 그 사람에게 잘못이 있어 보인다는 점이다. 변명하거나 '하지만 난 아무런 잘못이 없어' 작전을 펼치는 순간 잘못이 있다는 느낌을 준다. 그러므로 자신을 믿고 자신감을 가진 뒤에 자기 생각과 감정을 잠시 제쳐 두고 다른 사람에게 공감하는 일은 성숙한 행위며 이를 통해 좋은 관계를 유지할 수 있다.

게다가 공감하는 말을 하는 데는 시간이 오래 걸리지 않는다. 공감은 에너지가 필요한 이타적인 정서 행위이므로 공감이 필요한 상대를 향해 정신과 감정이 움직여야 하지만 이를 말로 표현하는 데에는 몇 초밖에 걸리지 않는다.

누군가의 상처받은 감정에 이유와 설명을 요구하며 반박하는 일은 그들에게 상처받으면 안 된다고 말하는 것과 같을 정도로 받아들여지기 힘들다. 누군가에게 그 감정이 타당하지 않다고 말하면 그 사람은 더 괴로워지며 갈등이 계속되어 몇 시간, 때로는 며칠 동안 시간, 에너지, 즐거움, 평화를 없애버릴 것이다.

벤과 여자친구의 예를 다시 살펴보자. 이들은 재미 삼아 테니스 시합을 하기로 했다. 그러나 벤의 여자친구가 세트를 따냈다. 그러자 벤은 자신이 졌다는 사실을 알기가 무섭게 화를 내며 공원을 향해 테니스공을 쳐냈다. 그랬으면서도 화가 나서 그랬다고 인정하지 않고 테니스 공 상태가 안 좋아서 밖으로 쳐낸 것뿐이라고 변명했다. 그러나 그 일이 일어난 타이밍과 시합에 지고 나서 낸 화 때문에 그의 주장에 신빙성이 떨어졌다. 또한 그는 여자친구가 '그런 식으로 생각했다'라는 것만으로 그녀를 이상한 사람 취급하며 '그녀가 말도 안 되는 소리를 한다'고 했다. 그 결과 갈등은 심해졌고 신뢰와 친밀감은 회복되지 않았다.

만약 벤에게 정말 잘못이 없고 그가 화나서 한 행동이 아니라 안 좋은 공을 내보내려 했을 뿐이었다면 그는 여자친구의 감정에 공감하기만 하면 됐고 그랬다면 싸움은 끝났을 것이다. 예를 들어 "네가 왜 화났는지 이해해. 내가 성질부린 것처

럼 보였을 거야. 내가 너였어도 똑같이 생각했을 테고"라고
말한 다음 여자친구를 끌어안고 그녀의 테니스 실력을 칭찬
했다면 싸움은 끝났을 테고 두 사람은 남은 토요일을 행복하
게 보냈을 것이다.

벤에게 잘못이 있다면, 그러니까 그가 공원을 향해 공을 짜
증스럽게 던지며 감정 상한 패배자처럼 굴었다면 미성숙한
행동에 책임지고 여자친구의 감정에 공감하는 것 이외에는
방법이 없다.

"정말 유치한 행동이었어. 미안해. 남자의 자존심에 지배당
했나 봐. 네가 정말 놀라고 화났을 거야. 미안해."

3단계: 상대방과 함께 해결법 찾기

이 예를 활용해 세 번째 단계로 나아갈 수 있다. 상처받은
당사자와 협력하여 그들을 돕고 그들의 기분이 나아지게 할
방법이 무엇인지 찾는 것이 세 번째 단계다.

예를 들면 벤이 여자친구의 감정에 공감한 다음 "이 일 때

문에 안 좋아진 네 기분이 나아지려면 어떻게 해야 할까?" 같은 말로 (필요에 따라) 스스로 책임지는 것이다. 대부분의 상황에서는 공감과 책임으로 충분하다. 그러나 벤의 여자친구가 테니스를 잘 치는 것만큼 똑똑하기까지 하다면 직접적인 행동을 원할 것이다. 이 밖에 "내가 어떻게 해야 도울 수 있을까?", "네가 그 일을 잊어버리도록 내가 할 수 있는 일이 있을까?", "아이스크림 먹을래? 와인 한 잔 할까?"라고 할 수도 있다. 그러나 세 번째 단계 이전에 앞의 두 단계를 거쳐야 한다는 것을 잊지 말자.

세 번째 단계에는 재미 요소가 있으면 좋다. 세 번째 단계가 신체적으로 친밀한 행위로 이어지는 일도 흔하다. 공감은 파트너에게 줄 수 있는 선물 중 성적 흥분을 가장 강하게 유발하기 때문이다. 파트너가 내게 공감하는 경험을 하고 나면 정서적 친밀감이 회복되고 견고해지는데 대개 이는 신체적인 친밀감으로 바뀐다.

밥과 줄리의 경우 세 번째 단계는 다음과 같을 수 있다.

"자기, 내가 어떻게 해주면 될까?"

"어떻게 하면 네 기분이 나아질까?"

"내가 어떻게 도와야 할까?"

사려 깊은 몸짓 역시 효과적이다. 밥과 줄리의 예를 계속 살펴보면 저녁식사는 엉망이 되었을지 모르지만 밥은 줄리가 좋아하는 카페에 가서 후식으로 페이스트리를 나눠 먹자고 할 수도 있다.

실용성을 최고로 여기는 세상이지만 부부나 연인 관계에서 실용성 따위는 잊어버리자. 이 세상에서 가장 중요한 투자 대상은 사랑하는 파트너나 자녀와의 관계다. 그러므로 이 관계에 생각, 시간, 돈을 투자해야 한다. 결국 이 관계가 엄청난 스트레스와 슬픔에서 당신을 구해줄 것이기 때문이다. 물질을 소유하는 데 많은 것을 투자하지 말고 어떻게 사랑할지에 아끼지 말고 투자하라. 관계에 자연스럽고 자발적인 행동, 즐거움, 모험이 끊이지 않도록 하라. 단언컨대 관계는 삶에서 얻고자 노력해야 할 가장 중요한 것이다.

부모와 자식 사이의
공감 쌓기 연습

덧붙여 말하자면 자녀들은 짧은 시간 함께 머물다가 자립하여 떠난다. 자녀가 걸음마를 떼고 운전하게 되기까지의 몇 년은 눈 깜빡할 사이에 지나간다. 그러므로 즐기고 시간과 노력을 들이고 친밀감을 유지하며 지속적으로 보살피고 공감해야 한다.

그런데 부모들은 자녀의 성취와 행동에 집중하는 듯하다. 물론 이들 역시 집중해야 할 중요한 일이지만 자녀의 정서 상태를 살피고 그들이 걱정거리를 해결하도록 도와주고 그들에게 공감하는 것이야말로 부모의 가장 중요한 임무다. 그러나 우리는 대부분 이를 잊고 있다. 이때 부모가 한 가지 중요한 사실을 기억한다면 도움이 될 것이다. 좋은 행동, 나쁜 행동, 위험한 행동 등 모든 행동은 감정에서 비롯된다. 그러므로 감정을 이해하면 행동을 즉시, 무한하게 바꿀 수 있다.

몇 초만 투자하면 자녀와의 관계가 깊어지고 정서적으로 건강해질 수 있다. 벤의 예를 살펴보자. 벤은 월요일을 싫어한다. 월요일에는 엄마가 오랫동안 일하기 때문이다. 어느 날 아침 그는 칭얼대며 월요일이 정말 싫다고 외쳤다. 그러자 벤의 엄마는 매주 월요일에 왜 야근해야 하는지, 벤에게 학교가 얼마나 필요하고 중요한지 반복해서 설명하지 않고 자연스럽게 그의 감정에 공감했다. 엄마는 이렇게 말했다.

"엄마도 잘 알지. 나도 월요일이 싫은걸. 엄마도 너처럼 월요일에는 가슴이 답답하단다. 늦게까지 일할 때 네가 보고 싶어서. 네가 학교에서 엄마를 보고 싶어하는 것과 똑같이 말이야."

이 말을 들은 벤은 엄마를 껴안아주었고 다시는 투덜대지 않았다. 그는 마음을 굳게 먹고 학교에 갈 준비를 하고 일과에 몰두했다. 이렇듯 간단한 공감도 장기적으로 도움이 된다. 공감은 자녀의 불안감을 즉시 없애줄 수 있는 교육법이다.

두 번째 역시 벤의 예를 살펴보자. 어느 날 집으로 돌아온 벤은 먼저 집에 온 누나가 자신이 만든 장난감을 망가뜨렸다는 것을 알았다. 몹시 화가 난 벤은 이렇게 소리쳤다.

"난 누나가 정말 싫어."

그러고는 책가방을 세탁실로 던졌다. 자, 벤이 보기 싫은 행동을 했다는 데에 대부분의 부모가 동의할 것이다. 그의 행동은 적절하지 못했고 지적받아야 마땅하지만 어떤 감정 때문에 그렇게 행동했는지는 이해할 수 있다. 그렇기에 부모는 벤이 발끈했다는 이유로 그를 방으로 보내지 말고 먼저 공감을 표해야 한다.

"너 정말 화났구나. 그럴 만도 하지. 나였어도 그랬을 거야. 그래도 그렇게 못되게 굴면 안 돼. 누나에게 사과하고 책가방 가져오렴."

통념과 달리 분노는 인간적이고 정상적인 감정이다. 문제는 분노에 어떻게 대처하느냐다. 벤은 공감받았기 때문에 그의 분노는 불만으로 바뀌었고 그는 엄마에게 친구를 불러서 누나가 망가뜨린 장난감을 다시 조립하겠다고 말했다. 엄마는 벤의 불만에도 공감했다. 그리고 누나에게 사과하고 책가방을 가져오면 장난감 조립하는 것을 도와주겠다고 했다.

부모들은 자녀의 화를 견디기 힘들어한다. 유쾌하게 화를 표현하는 법은 없기 때문이다. 그러나 분노는 적절히 통제하는 법을 배워야 할 가장 중요한 감정이다. 따라서 자녀가 분노를 이해하도록 돕는 것이 매우 중요하다. 이때 역시 공감하는 말 몇 마디로 자녀가 부정적인 감정을 빨리 처리하도록 도울 수 있다.

벤의 엄마가 아들이 발끈한 일에 화를 냈다면, 그러면서 '진정하라'고 그를 곧장 방으로 보냈다면 벤은 분노를 다스리는 데 있어 아무 도움을 받지 못한다. 사실 엄마가 그를 방으로 보냈다면 화는 수치스러운 감정이므로 억압해야 한다고 가르친 셈이다. 안타깝게도 분노를 억누르는 사람들에게 무슨 일이 생기는지는 우리 모두 알고 있다. 억눌린 분노는 위험하게 폭발한다. 자신의 분노를 잘 다스리는 사람은 대개 정서 지능이 높다.

양육은 단순히 자녀에게 옳고 그름을 가르치는 것이 아니다. 자녀에게 공감, 인정, 사랑의 모범을 보이는 것이다. 자녀의 걱정, 불안, 두려움을 세심하게 보살피지 않으면 부모 역할을 제대로 하지 못하는 것이다. 자녀에게 필요한 것과 때때로 그들이 원하는 것을 제공하는 것은 부모 노릇의 십분의 일밖에 되지 않는다. 나머지는 정서적 친밀감과 관련된 역할이다. 공감은 정서적 친밀감의 첫 번째 요소지만 앞서 밝혔듯이 책임 또한 중요한 요소다.

다시 말하지만 일부 부모들은 자신이 항상 옳아야 하며 그렇지 않으면 부모로서 권위가 떨어진다는 잘못된 개념을 가지고 있다. 실제 모습도 별반 다르지 않다. 자녀가 책임을 배울 수 있는 유일한 방법은 관계 안에서 부모가 스스로 책임지는 모습을 경험하는 것이다.

매트와 그의 엄마 레이첼의 경우를 살펴보자. 어느 바쁜 아침, 레이첼은 자녀들을 학교에 보내고 제 시간에 출근하려고 애쓰고 있었다. 그녀는 1학년짜리 아들에게 말했다.

"매트, 가서 양말이랑 신발 신으렴."

그녀가 주방에서 점심 도시락을 챙기고 있을 때 매트가 입에 머핀을 문 채 다가와 키득거리며 바닥을 보았다. 매트가 장난치느라 일부러 바닥에 머핀 부스러기를 흘렸다고 생각한 레이첼은 그에게 소리 질렀다. 영문도 모른 채 상처받은 매트는 왈칵 눈물을 쏟으며 차고 문을 향해 뛰어갔다. 그러면서 이렇게 외쳤다.

"엄마 미워!"

방금 벌어진 일에 놀라고 혼란스러워진 레이첼은 문을 향해 달려가는 매트가 양말과 신발을 제대로 신었다는 것을 깨달았다. 레이첼은 매트가 장난치느라 일부러 바닥을 지저분하게 했다고 생각했지만 그는 그저 머핀을 먹으며 양말과 신발을 잘 신었다는 것을 엄마에게 자랑하려고 아래를 내려다보았던 것이다. 레이첼은 큰 실수를 저질렀다는 것을 알았다. 어려운 결정이었지만 그녀는 그날 아침 제 시간에 출근하려던 것을 포기하고 차고로 가서 자동차 뒷자리에 올라타 아들의 눈을 바라보며 말했다.

"엄마가 큰 실수를 했구나. 미안해. 네게 상처를 줬어. 넌 내가 하라고 한 일을 다 했다고 보여주려 했는데 난 그것도 모르고 소리를 질렀구나. 엄마가 잘못했어. 미안해. 엄마는 널 사랑한단다."

이 말을 들은 매트는 레이첼에게 다가가 말했다.

"괜찮아요, 엄마."

레이첼은 '엄마 미워!'라고 말한 것을 두고 매트를 나무랄 수도 있었다. 그러나 자신이 실수했다는 것을 알아차렸다. 그녀는 실수에 책임지고 사과했다. 관계의 틈을 메우고 정서적 친밀감을 회복했다.

부모들은 자녀의 나쁜 행실 때문에 골머리를 앓지만 자녀가 대부분의 행동을 자신에게서 배운다는 사실을, 솔직하게 자신을 들여다보면 부모인 자신이 기폭제일 수도 있다는 사실을 가끔은 인식하지 못한다. 레이첼은 자신을 돌아볼 줄 알고 통찰력 있는 부모이기에 아들과의 관계에서 스스로 책임질 수 있었다. 이런 순간 덕분에 그녀와 아들은 정서적으로 화합했고 둘 사이에 신뢰와 애정이 쌓일 수 있었다.

부모가 이겨야 하는 힘 싸움이 불가피할 때도 있다. 이 경우 대개 공감과 책임이 빠르게 효과를 보일 것이다. 이뿐만 아니라 공감과 책임은 부모가 나쁜 행실을 용인하거나 그에 굴복한다는 뜻이 절대 아니다. 공감과 책임은 먼저 감정을 인정하는 것뿐이다. 자녀에게 나쁜 행실에 대한 책임을 지우는 동시에 감정에 공감하는 간단한 말을 하면 효과적이다. 예컨대 이렇게 말할 수 있다.

"벤, 화내는 건 괜찮지만 때리는 건 안 돼."

"몰리, 화는 낼 수 있어. 하지만 나쁜 말을 하면 안 돼."

"멜라니, 네가 얼마나 실망했는지 알지만 외투를 바닥에 던지면 안 돼."

그렇다면 언제 힘 싸움이 필요할까? 힘 싸움은 자녀의 안전과 안녕에 위험이 닥쳤을 때 매우 중요하다. 부모는 자녀를 학교에 보내야 한다. 아이들을 씻기고 이를 닦아 주어야 한다. 건강한 음식을 먹이고 숙제를 하게 하며 제때 재워야 한다. 아이들이 친구들과 위험한 짓을 못 하게 해야 한다. 이처럼 힘 싸움이 필요한 순간에 어떻게 하면 괴로움을 최소화할 수 있을까?

자녀와 대립해야 한다는 것을 알았을 때 활용할 수 있는 유용한 정보가 세 가지 있다. 청개구리 작전, 자녀에게 선택권 주기, 재구성이다.

청개구리 작전이 가장 재미있다. 자녀가 저녁식사를 마치기 전에 브로콜리를 먹으면 좋겠다는 생각이 들면 과감하게 먹지 말라고 해보자. 먹지 말라고 부탁하는 것이다. 이런 식으로 말할 수 있다.

"접시에 있는 브로콜리 먹으면 안 돼. 절대 안 돼! 먹기만 해 봐!"

그러면 자녀는 잠시 당황하겠지만 대부분은 곧 키득거린다. 부모가 강조할수록 재미와 효과는 커진다. 아이가 웃으면서 브로콜리를 집어들어도 계속해야 한다.

"입에는 넣으면 안 돼. 진짜 안 돼. 그러면 알지?"

아이들은 자기 마음대로 하고 싶어하는데 청개구리 작전으로 그럴 수 있는 상황이 만들어진다. 이 방법을 활용하면 그 자리에 있는 모든 사람이 웃음을 터뜨려 긴장이 줄어들고 모두 기분 좋아진다.

두 번째 방법은 자녀에게 선택권을 주는 것이다. 아이들에게 뭔가를 하라는 요구가 먹히지 않으면 선택권을 주는 것이다. 예를 들어보자. 자녀에게 앉으라고 했으나 듣지 않으면 이렇게 말해보자.

"이 벤치나 저 의자 중에 골라서 앉으렴."

또는 이렇게 말할 수도 있다.

"자전거를 차고에 넣어 두고 싶니 아니면 차고 앞 길 위쪽에 세워 두고 싶니?"

"저녁에 완두콩이랑 당근 중에 뭘 먹고 싶어?"

명령하고 요구하는 대신 자녀가 해야 할 일을 직접 선택하도록 권한을 위임하는 것이다. 그러면 아이들은 건전한 방식으로 자기 마음대로 할 수 있다고 느낀다.

힘 싸움을 상호 협력 작용으로 바꾸는 세 번째 방법은 재구성이다. 긴장이 고조되고 힘 싸움이 벌어질 것 같을 때 주위에 있는 것 중 재미있거나 놀거리가 될 만한 무언가로 아이의 관심을 돌린다. 긴장을 깨고 분위기를 바꾸면 힘 싸움이 별것 아닌 듯 보이게 하는 데 도움이 된다. 그런 다음 다시 당면 과제로 돌아갈 때 아이가 그 과제를 덜 두려워하도록 지침을 바꾼다. 예를 들어 장거리 자동차 여행을 앞두고 차에 타기 전에 자녀가 화장실에 가기를 거부한다면 이렇게 말해보자.

"좋아, 지금 화장실에 안 가면 가다가 차를 세우고 길가에서 쉬를 하거나 요강에 응가를 누어야 할 거야. 나도 화장실에 갈 건데. 먼저 가는 사람이 이기는 거다!"

추가로 조언하자면 '쉬'나 '응가'가 들어가는 말이면 무엇이든 두 살부터 여덟 살 사이의 아이들을 웃길 수 있다. 슬프지만 사실이다. 고집부리던 아이를 좀 더 기분 좋게 만드는 데 필요한 시간은 고작 2분 정도다.

요약하자면 협동, 공감, 책임은 부모와 자녀를 가깝게 할 뿐만 아니라 자녀를 행복하고 건강하고 정서적으로 안정되게 하기 때문에 궁극적인 목표가 되어야 마땅하다. 자아 인식이 안정된 아이는 약자를 괴롭히지 않고 거짓말하지 않으며 부정한 짓을 하거나 도둑질하지도 않는다. 이런 아이들은 타인에게 공감하고 인정을 베풀 줄 알며 직업 윤리관도 확고하다. 자기 안에 도덕적 기준이 있는 아이에게는 옳고 그름을 가르칠 필요가 없다. 이들은 옳고 그름을 직관적으로 안다. 도덕적으로 바른 품성으로 자란다.

따라서 공감으로 아이의 걱정이 사라진다면, 부모와의 정서적 친밀감으로 아이가 불안과 우울에서 벗어난다면 어른 역시 파트너와 정서적으로 친밀할 때 불안과 우울이 줄어든다고 결론 내려도 무방할 것이다. 이는 흔히 알고 있는 사실

같지만 수많은 미국인은 불안과 우울을 치료하기 위해 관계의 건강함을 진단하는 대신 약을 먹는다. 또한 도망치기 위해 쉬운 길을 택하는 것이 이혼이라고 말하면서 아이들을 위해 결혼 생활을 유지하라고 조언하는 경우가 많다. 그러나 건강하지 못한 결합은 가족 구성원 전체의 정신 건강에 매우 좋지 않다. 그렇기에 치료, 상담, 정서적 친밀감, 관계에서 정서적 친밀감을 유지하는 방법에 대한 확실한 이해가 반드시 필요하다. 정서적 친밀감을 쌓을 수 없다면 이혼은 관련된 모든 사람들을 위한 가장 용감하고 건강한 선택이다.

이 밖에 부부나 연인이 정서적 친밀감을 쌓으려고 노력할 때는 방어적인 태도를 버리는 것이 중요하다. 방어적이고 불안한 사람이 공감하기란 거의 불가능하다. 상담 외에 방어적인 태도와 불안을 줄이는 중요한 방법은 마음과 몸을 연결하는 연습을 하는 것이다. 심신상관성mind and body connection을 회복하고 유지함으로써 마음이 차분해지고 집중력이 높아지고 자신감과 분별력이 생긴다. 동양 철학에서 온 심신상관성은 서구 문화권에서 점점 인기를 얻고 있다. 심신상관성을 연습할 수 있는 전통적인 방법으로는 요가, 무술, 태극권, 침술, 안마 요법, 명상 등이 있다.

　마음과 몸을 연결하는 활동은 많다. 실행하는 데 고도의 집중력이 필요한 신체 활동은 본질적으로 모두 심신상관성 활동이다. 여기에는 춤도 포함된다. 운동도 마찬가지다. 마음과 몸이 연결되어 하나가 될 때 사람은 온전하고 살아 있다고 느낀다. 이러한 활동을 규칙적으로 하면 심신상관성이 오래 유지된다. 온전하고 살아 있다고 느끼는 사람은 방어적이거나 불안해하지 않는다. 또한 심신상관성은 마음챙김mindfulness을 가능하게 한다. 마음챙김이란 지금 이 순간에 일어나고 있는 감정, 생각, 감각을 의식적으로 받아들이고 개인의 판단을 배제한 체 이에 집중하는 것으로 명상을 통해 훈련할 수 있다. 마음챙김의 본질은 자기 성찰, 자기 실현, 감정 조절, 공감이다. 마음챙김은 불안과 스트레스를 줄이는 것은 물론이고 정서적 친밀감을 쌓는 밑거름이 되는 매우 효과적인 훈련이다.

남자는 정말
공감 능력이 떨어질까

앞서 보여준 예시에서는 화난 쪽을 주로 여자로 설정했지만 남자도 여자만큼이나 관계에서 공감과 정서적 친밀감을 원한다. 이 개념은 성별을 가리지 않고 적용된다. 남자의 경우 약간 다르다고 생각할 수도 있지만 그리 다르지 않다. 개비와 론의 예를 살펴보자.

론은 개비에게 문자메시지를 보내서 근처 친구 집에 있는 아들 잭을 일하는 곳까지 데려다 줄 수 있는지 물었다. 잭이 일하는 곳은 개비가 독서모임에서 집에 가는 길에 있었다. 론은 시내를 가로질러야 하는 곳에 있었고 길이 막혔다. 론의 부탁을 들어주려면 개비는 독서모임에서 예정보다 15분 일찍 나와야 했는데 개비는 그러고 싶지 않았다. 그녀는 답장을 꾸물거리다가 론의 부탁 때문에 화가 났다고 보냈다. 그러다가 시간이 임박해서 론에게 부탁대로 하겠다고 다시 문자메시지를 보냈다.

그날 밤 개비가 집에 갔을 때 론은 말이 없었다. 개비는 론의 부탁에 곧장 응하지 않고 그에게 잔소리한 것이 이기적이었다고 생각했다. 이때 개비는 어떻게 말해야 할까?

A) 한 달 중 유일한 '나만의 시간'이 독서모임이야. 길이 막힐 것에 대비했어야지. 당신 잘못이야.

B) 엄밀히 말하면 잭은 내 아들이 아니잖아. 그러니까 당신 실수 때문에 내게 중요한 무언가를 희생할 필요 없어.

C) 내가 처음에 싫다고 해서 당신 정말 속상했겠다. 당연히 그랬을 거야. 그 대목에서 내가 잠깐 이기적이었어. 미안해. 내가 어떻게 해주면 될까?

D) 내가 곧장 답장하지 않아서 당신 기분이 얼마나 안 좋았을까? 잭이 늦지 않게 일하러 가야 하는데 당신이 도울 수 없어서 무력감이 들었겠다. 그런 위기 상황에서 당신은 내게 기댈 수 있다고 생각했

을 텐데. 내가 잠깐 당신을 실망시켰어. 미안해.

공감하는 말은 C와 D다. 개비는 변명하면서 자신과 자기 감정만 생각하지 않고 그런 것들을 옆으로 밀어둔 뒤에 론이 도움을 청했으나 그녀가 주저했을 때 그의 기분이 어땠을지 생각했다. 개비는 자기 감정을 잠시 제쳐 두고 론의 감정을 생각할 수 있었기에 공감할 수 있었다.

요컨대 삶에서 배우자나 연인, 자녀와의 관계보다 더 귀한 것은 없다. 이들의 중요성이 시험에 들었다면 그들을 향한 당신의 사랑을 입증해야 한다. 그들을 실망시키면 안 된다. 사랑한다는 말은 행동으로 보여주지 않으면 아무 의미가 없다. 기회가 있을 때는 헌신해야 한다. 기분이 정말 좋을 것이다.

안타깝게도 우리 문화에서는 미성숙한 성향, 예컨대 관계에서 책임지지 않거나 잘못을 인정하지 않거나 다른 사람의 관점을 이해하지 않는 등의 성향을 남자답다고 하며 용인해왔다. 이는 모든 사람에게 매우 부당하고 해롭다.

'남자는 길을 묻지 않는다'라는 비유도 이와 유사하다. 위성위치확인시스템^{GPS}이 출현하고 휴대전화에 지도가 도입되면서 시대에 뒤떨어진 비유가 되었지만 문화적 고정관념을 내포한다. '화성에서 온 남자 금성에서 온 여자'라는 개념 때문에 남자에 대한 부정확한 고정관념과 혼란은 더 심해진다.

남자는 여자와 다를까? 그렇다. 이는 틀림없다. 그러나 여자와 다르다고 해서 남자가 정서적 친밀감을 쌓을 수 없다는 뜻일까? 성숙한 남자라면 그렇지 않다. 정서적 친밀감은 남녀는 물론이고 아이들에게도 사랑이나 행복과 같다. 정서적 친밀감은 건강하고 만족스러운 관계와 같은 말이고 아이들에게는 튼튼한 자아 인식을 뜻한다.

오늘날 사회에서 남자에게 섬세하고 감성이 풍부하다고 하는 것은 여자에게 골격이 튼실하다고 하는 것과 비슷하다. 남자에게 섬세함과 감성은 나약함이나 남성성 부족을 뜻한다. 그러나 성숙한 남자야말로 가장 용감하고 강하다.

루이스 잠페리니의 삶을 다시 살펴보자. 그는 육체적 한계를 넘어 타인과 공감했다. 동료 군인들을 돕기 위해 자기 욕구와 소망을 끊임없이 희생했다. 공감 덕분에 인간의 육체로 할 수 있는 한계를 뛰어넘어 동료들이 마지막 남은 존엄성을 잃지 않도록 했고 동료들은 그 존엄성 덕분에 삶을 포기하지 않고 끝까지 매달릴 수 있었다. 섬세함과 감성으로의 이루어진 공감 덕분에 루이스 잠페리니는 (헐벗고 굶주리고 병에 걸린 상태에서도) 군대 전체보다 더 강해졌다. 그의 공감은 동료의 목숨을 살렸다.

몇 년 전 미시간 호수 물가에서 한 남자가 조카들과 수영을 하고 있었다. 남아 한 명, 여아 두 명이었다. 그날 조카들이 수영하던 바로 그곳에서 위험한 역류가 발생했고 아이들은 미시간 호수 한가운데로 끌려 들어갔다. 아이들은 휩쓸려간다는 사실을 알고 겁에 질려 물살을 거슬러 안전한 곳으로 돌아가려 안간힘을 다했다. 그 남자는 역류가 무척 거세고 곧 아이들이 구조할 수 없는 곳에 이르리라는 것을 알았다. 그는 소리를 쳐서 도움을 요청한 다음 조카들 한 명 한 명에게 다가갔다. 최대한 빨리 헤엄쳐 가서 아이들을 한 사람씩 끌고 나왔다. 남은 힘을 끌어모아 마지막 아이까지 잔교로 끌고 갔고 그곳에서 행인이 아이를 안전한 곳으로 끌어올렸다. 그러나 남자는 물속으로 사라지고 말았다. 조카들을 살리느라 마지막 숨결까지 내주고 만 것이다. 그는 세 아이를 살렸지만 자기 목숨은 포기해야 했다. 이것이 공감이다. 이 사람이야말로 영웅이다.

마틴 루서 킹은 매우 용감한 인물로 손꼽히며 증오로 인한 폭력을 매일 마주했지만 눈 하나 깜빡하지 않고 당당히 대응했다. 그는 지구상에서 가장 성숙한 인간이라고도 할 수 있다. 끊임없이 자신을 희생해 사람들이 증오, 폭력, 모욕, 비하를 확산하지 못하도록 애썼던 그는 다른 사람들이 일상에서 존엄성을 빼앗기며 살지 않도록 하기 위해 자기 삶을 던져 희생했다.

에이브러햄 링컨도 성숙하고 공감 능력이 뛰어난 강한 남자의 전형이다. 노예를 해방한 그는 공감을 활용해 노예제도를 끝내고 국가를 통합했다. 타인의 역경을 느낄 수 없었다면 인도주의 운동을 그토록 효과적이고 성공적으로 이끌지 못했을 것이다. 또 다른 비슷한 예로 간디가 있다. 그는 가난을 줄이고 여성의 권리를 확대하고 종교적, 윤리적 친선을 맺고 인권을 높이기 위한 사회 운동을 이끌었다. 공감은 강력한 힘이 있는 정서다. 공감 능력이 있으면 신체적 한계를 뛰어넘을 수 있을 뿐만 아니라 세상을 다정함과 인정이 가득한 곳으로 바꿀 수도 있다.

육군 예비군 조 다비Joe Darby는 2004년 이라크 아부그라이브 교도소에서 동료들이 수감자들을 참혹하게 학대했다는 사실을 알아냈다. 동료 간의 의리를 저버리기 힘들었지만 그는 끔찍한 폭력을 폭로했다. 인간의 존엄성에 대한 그의 공감과 존중 덕분에 폭력적이고 잔혹한 행위를 끝낼 수 있었다.

요컨대 인간이 다른 사람보다 자신의 생명을 더 가치 있게 느끼는 순간, 다시 말해 인종, 종교, 국적, 재산, 학력 등을 이유로 자신이 '먹이사슬'에서 더 높은 자리에 있으며 그래서 자신에게 타인을 괴롭힐 권리가 있다고 믿는 순간 그 사람은 같은 믿음을 지녔던 오사마 빈 라덴 같은 테러리스트나 일본 전쟁포로 수용소에서 포로를 괴롭힌 군인과 다를 바 없다.

폭력은 폭력을 낳는다. 정당방위가 아닌 폭력을 행사한다면 난폭한 범죄자와 똑같다. 누군가가 당신의 생명을 위협한다면 당연히 싸워야 한다. 그러나 공격하는 쪽이 당신이고 당신이 다른 사람보다 우월하다고 생각하기 때문에 공격을 정당화한다면 당장 멈추고 전문가의 도움을 받아야 한다.

앞서 언급한 사람들 모두 매우 용감한 이들로 꼽힌다. 이들은 지칠 줄 모르는 싸움꾼이기도 했다. 이들은 지성, 영혼, 마음으로 싸웠다. 다른 이들을 위해 쉼 없이 자기를 버리며 싸웠다. 이들은 나약한 겁쟁이와 정반대다. 공감 능력 덕분에 신체적 한계를 초월했으며 모두 다른 사람을 위해 자기 목숨을 바쳤다.

이와 반대로 세계적으로 악명 높은 악당들을 살펴보면 몇 가지 전형적인 남성적 성향이 뚜렷하게 드러난다. 바로 권력, 지배, 힘이다. 이들은 자기 방식이 옳고 그밖에 모든 의견은 틀렸다고 생각한다. 반대 의견은 폭력적으로 벌한다. 공포를 통해 모든 사람을 지배하려 든다. 자신이 다른 모든 사람들보다 우월하다고 생각한다. 잘못된 진실을 퍼뜨리고 진실을 왜곡함으로써 사람들이 자기편을 들고 공격 대상을 등지게 한다. 히틀러, 무솔리니, 오사마 빈 라덴, 스탈린이 대표적이다. 이들은 자신이 다른 사람보다 우월해서 다른 사람의 목숨을 빼앗을 권리가 있다고 믿었고 다른 사람의 존엄성을 박탈해

억압하는 것이 매우 효과적이라고 생각했다. 이들은 자신이 남들보다 도덕적으로 우월하다고 생각했기에 살인을 자신의 권리이자 특권으로 여겼다.

그렇다면 왜 우리는 병적이고 광적인 성향을 남성성으로 착각할까? 병적이고 광적인 성향은 자존감이 낮고 정체성이 약해서 돈이나 권력으로 과장해야 안정감을 얻는다는 것을 뜻한다. 이러한 병적 성향은 성별을 가리지 않고 나타나며 성별에 관계없이 조치를 취해야 한다.

따라서 권력이 있는 사람을 만났고 그 사람과 연인 사이로 발전할 가능성이 있다면 그 사람이 자신감이 있는 것인지 자기애에 빠진 것인지 구별해야 한다. 그 사람은 인간이 만든 위계질서에서 차지한 자리에 따라 사람들을 대하는가? 아니면 경제적, 사회적 지위와 관계없이 사람들을 소중히 여기고 존중하는가? 평범한 사람들과 자기보다 더 힘 있는 사람들과 있을 때 다른 모습을 보이는가? 무료급식소에 함께 가자고 하면 비웃으면서 '그냥 돈이나 줍시다'라고 하는가, 함께 가기로 하는가? 남자든 여자든 데이트 상대가 사회적 지위를 매우 중요하게 생각한다면 그 사람에게 노숙인 쉼터에 함께 가자고 해보라. 함께 가는가, 거부하는가?

공감은 남녀 성별에 따른 성향이 아니라 인간 자체의 성향이며 막강한 힘이다. 틀림없다. 공감이 없었다면 앞서 언급한 영웅들 중 아무도 위대한 업적을 이루지 못했을 것이다. 공감 덕분에 사람들은 기적적이고 용감한 행동을 할 수 있다. 공감 능력이 뛰어나면 다른 사람과 그 사람의 감정을 빨리 알아차릴 수 있다. 그러면 주변에 사람이 모이고 친밀한 관계로 발전한다. 그러나 다른 사람을 안쓰러워하고 자선을 베풀고 텔레비전 후원 광고를 보면서 눈물짓는다고 해서 공감 능력이 있는 것은 아니다. 공감은 진심 어린 용기이자 자기 희생이고 사랑이다. 자신을 위하는 행동인 연민이나 자선과 헷갈려서는 안 된다.

또한 여자와 남자 모두 미성숙할 수 있다. 그러나 안타깝게도 미성숙한 성향은 주로 남자에게 나타난다. 미성숙한 사람의 병적 성향과 일반적인 남성성은 반드시 구분해야 한다. 우리는 공감을 잘하는 영웅과 결혼하고 싶어하고, 그런 영웅으로 만들고 싶어하고, 그런 영웅이 되고 싶어한다.

당신이 관계를 맺고 있는 사람이 파트너나 자녀에게 복종을 요구하고 그들의 일을 최종 결정할 권한이 자신에게 있다고 생각하는가? 그렇게 하지 못할 경우 필요한 자원을 주지 않고 벌을 주고 몰래 복수를 계획하는가? 그런 사람은 독재자나 다름없다. 권력과 지배는 사랑이 아니다. 학대당한 개는 주인을 물어뜯고 도망치기 마련이다. 그러나 개를 사랑하고 아끼면 죽는 날까지 충성할 것이다. 인간도 마찬가지다. 사랑하는 사람을 존중하면 당신도 존중받는다. 공감을 바탕으로 상대를 소중히 여기고 사랑한다면 깊은 사랑으로 보답받을 것이다.

공감, 그리고 미성숙한 사람에 관해 주의해야 할 사항이 있다. 안타깝게도 공감은 심오하고 복잡한 정서이기에 미성숙한 사람은 다른 사람에 대한 진정한 공감을 경험할 수 없는 것은 물론이고 공감을 받아들이지도 못한다. 이들은 공감하는 사람의 마음을 악용하는 경우가 많다. 미성숙한 사람의 정서는 대부분 피상적이고 만족감과 관련되어 있다. 대체로 이 만족감은 돈, 권력, 소유의 형태로 온다. 불행히도 여기에 자녀들도 포함된다. 미성숙한 사람은 대부분 자녀 덕분에 자신의 겉모습이 좋아 보일 때 자녀에게서 기쁨을 느낀다. 그러나 자녀가 미성숙한 부모가 원하는 것에서 벗어나면 사랑, 물질적 자원, 인정 같은 것들을 주지 않는 경우가 많다.

이혼할 때 미성숙한 부모는 파렴치하게도 자녀를 가운데에 끼우고 파트너에게 상처 주기 위해 파트너에게 불리한 쪽으로 자녀를 이용한다. 미성숙한 부모는 이런 행위가 자녀에게 심리적으로 어떤 영향을 미치는지 걱정하지 않고 복수했다는 데에서 만족을 느낀다. 이들은 공감조차 성숙한 파트너에게 해가 되게끔 악용하는 경우가 많다.

멜리사와 에릭의 예를 살펴보자. 성숙한 에릭은 멜리사를 상대로 이혼 소송을 제기했다. 사랑이 없는 차가운 결혼생활이라고 느꼈기 때문이다. 멜리사는 에릭을 괴롭히려고 몇 년째 이혼을 끌었다. 그 사이 에릭은 함께 하고 싶은 따뜻하고 사랑스러운 여자를 만났다. 멜리사는 에릭이 지지부진한 이혼 절차에도 단념하지 않는 데에 화가 났고 그가 다른 사람을 만나기로 결심하자 분노와 질투가 심해졌다. 멜리사는 에릭

과 그의 친구에 대해 끊임없이 험담했고 자신의 감정을 자녀
들에게 반복해서 말했다. 그녀는 아이들에게 어른들 사이의
일을 알렸고 파렴치한 행동도 했다.

어느 날 밤 그녀는 에릭에게 저녁식사를 함께 하며 이야기
를 나누자고 했다. 그리고 자신이 얼마나 상처받았는지 설명
하고 에릭을 비난했다. 기분이 몹시 안 좋아진 에릭은 계속
사과했다. 잠시 후 멜리사는 이혼에 어떻게 대처해야 하는지
이야기 나눌 사람이 필요하다면서 에릭 친구의 전남편 연락
처를 알려주면 고맙겠다고 했다. 에릭은 멜리사에게 상처를
주어 기분이 좋지 않았기 때문에 멜리사가 원하는 정보를 주
었다.

그 후 몇 주 동안 멜리사는 에릭 친구의 전남편에게 꾸준히
연락하여 에릭 친구의 개인정보를 알아냈다. 그리고 그 사람
에 대한 정보를 악의적으로 왜곡하여 소셜미디어를 통해 지
역사회에 퍼뜨렸다. 멜리사는 에릭의 친구가 자신과 에릭 사
이의 자녀들을 만나지 못하도록 하기 위해 법정에서도 왜곡
된 정보를 이용하려 했다. 다행히 상식적인 판사가 멜리사가
조작했다는 것을 꿰뚫어보고 그녀의 요청을 거부했다. 이는

미성숙한 사람이 파트너의 공감을 악용하는 전형적인 예다.

성숙한 사람이 미성숙한 사람의 공격 대상이 되었을 때 미성숙한 사람이 괴롭히고 협박하더라도 기존의 태도를 고수하는 것 역시 중요하다. 성숙한 사람일지라도 미성숙한 파트너의 괴롭힘, 공격, 모욕, 존엄성 훼손을 겪고 나면 대부분 파트너를 경멸한다. 성숙한 사람은 본성이 선하고 모든 사람과 어울리고 싶어하기 때문에 누군가를 극도로 싫어하고 그를 향한 분노를 품는 것을 불편해한다. 그러나 자존감을 망가뜨리려는 사람을 맞닥뜨렸을 때 이러한 부정적인 감정은 피할 수 없다.

성숙한 사람은 미성숙한 파트너를 싫어하는 데에 죄책감을 느끼기도 하고 왜 용서할 수 없는지 의아해한다. 이들은 미성숙한 사람이 공격을 멈출 때까지 용서하지 못한다. 예컨대 루이스 잠페리니가 수용소에 있는 동안 경비병을 용서했다면 그는 삶과 생존을 향한 투쟁에서 무릎 꿇었을 것이다. 마틴 루서 킹도 마찬가지다. 그가 죄 없는 흑인 어린이들과 여자들을 살해한 남자들을 용서했다면 투쟁을 지속하지 못하고 무룔 꿇었을 것이다.

여기에서 핵심은 '투쟁'이라는 단어다. 누군가가 당신의 인간성을 훼손하려고 할 때 성숙하게 투쟁하는 방법은 당신의 존엄성을 굳게 유지하는 것이다. 이는 평화로운 시위다. 공격을 감내할 뿐 공격에 굴복하지 않고 보복하지도 않는다. 너무 일찍 용서해주면 결국 굴복하게 될 것이다. 공격이 끝날 때까지 기다린 다음 용서해야 한다.

5장

무너지지 않는
관계 쌓기 연습 3
:
몸과 마음을 이어주는 법

튼튼한 관계를 위한
세 가지 관점

정서 건강, 정서 지능, 정서적 조화emotional compatibility에 관한 최근 연구는 성숙한 사람이 직장에서 성공하고 관계를 잘 유지하고 건강할 가능성이 더 높다는 견해를 뒷받침한다.

그러나 이 세 가지 영역 중 어느 하나도 명확하게 규정되거나 자세히 설명되지 않았다. 어쩌면 이런 이유 때문에 정서적으로 건강하고 여유 있는 파트너를 찾기 힘들어하는 사람들이 부쩍 늘었는지도 모른다. 정서적으로 건강한 사람을 찾기 쉽다면 이혼율은 50퍼센트보다 한참 아래로 떨어질 것이다.

정서 건강

원래 정서 건강은 정신적인 질병이 없는 상태, 심리적으로 편안한 상태라고 규정되었다. 안타깝게도 이는 분홍색을 '푸른색이 없고 붉은 기가 연하게 도는 상태'라고 설명하는 정도 밖에 도움이 되지 않는다.

기존의 정의는 정서 건강이 무엇인지 전반적으로 알려주기는 하지만 구체적으로 설명하지는 않는다. 또한 모든 사람은 불안과 우울을 겪는다. 사실 이 두 가지 증상은 건강한 사람일지라도 사는 동안 몇 번이고 미약하게 경험할 수 있다. 불안도 마찬가지다. 모든 사람은 가벼운 불안감을 느끼는데 이 불안감을 받아들이고 인정하며 이를 핑계 삼아 나쁜 짓을 하지 않으면 정서적으로 건강한 사람이다.

기존 정의의 또 다른 문제는 심각하게 아픈 사람도 정서적으로 건강한 척을 쉽게 할 수 있다는 점이다. 성격장애를 앓는 수많은 사람들은 자신감을 극대화해서 보여주고 깊은 불안을 없애기 위해 병적 투사를 한다. 내게 찾아오는 사람들 중 다른 사람을 괴롭히거나 정서적으로 학대하거나 본성이 나쁜 내담자는 거의 없다. 가해자 역할을 하는 사람들은 다른 사람 때문에 자신이 어려움을 겪는다고 믿기 때문이다. 이들은 남을 탓하기에 여념이 없어서 자신의 불행에 스스로 책임감을 못 느낀다. 전부는 아니지만 대개의 경우 자기 행복에 스스로 책임지고 기꺼이 거울을 들여다보는 사람들이 상담사와 마주 앉는다.

성숙한 사람의 정서 건강은 미성숙한 사람이나 해로운 사람을 만나면 심각하게 손상될 수 있다. 이 경우 성숙한 사람은 때로 극도의 불안감과 수치심을 느낀다. 자신이 적합하지 않고 무능하다고 끊임없이 느끼는 사람들도 많다. 가끔은 신경쇠약에 걸리기도 한다. 불행히도 앞서 설명했듯이 이들의 파트너는 이런 상황을 자신에게 유리하게 이용하고 이런 상황을 증거로 들며 자신의 파트너가 정서적으로 불안하다거나 정신 질환이 있다고까지 할 것이다.

정서 지능

정서 지능에 관한 연구 결과는 명확하다. 정서 지능이 높은 사람은 직장에서 성공하고 관계를 잘 유지하고 건강할 가능성이 확실히 높다. 따라서 소득이 높은 계층을 차지하고 있다. 예컨대 직업적으로 최고의 자리에 오른 사람들 중 98퍼센트는 정서 지능이 높았다. 이뿐만 아니라 정서 지능은 성과를 예측하는 가장 신뢰도 높은 척도다.

물론 미성숙한 많은 사람들도 부도덕하고 남을 괴롭히는 방식으로 높은 자리에 오른다. 그러나 많은 경우 어느 시점이 되면 이들은 자기애에 지배당해 실수하게 되고 진짜 성격이 드러난다. 그러나 정서 지능이 높은 사람은 대부분 자신이 하는 일에서 오랫동안 성공한다.

정서적 조화

정서적 조화에 관한 연구에서는 가치 공유의 중요성을 강조한다. 관계에 하는 투자 역시 꼭 필요하다. 협동과 갈등 해결도 중요하다. 이러한 자질들을 깊이 들어가서 판단하지 않고 표면적으로만 보면 오해할 수 있다.

정서적 조화에서 중요한 첫 번째 요소인 가치 공유를 살펴보자. 부부나 연인 관계에 있는 대부분의 사람은 비슷한 것들을 소중히 여긴다. 그렇지 않으면 두 번째, 세 번째 데이트로 이어지지 않았을 것이다. 자녀와 가족을 간절히 원하는 여자라면 결혼이나 자녀를 원치 않는 남자와의 관계에 투자하지 않을 것이다. 설령 그 사람과 시간을 보낸다 하더라도 다른 곳을 바라볼 테고 관계에 그다지 전념하지 않을 것이다. 퇴직해서 캐나다로 이사 가고 싶어하는 남자의 경우를 살펴보자. 이런 남자라면 미국 중서부에 정착해 가족과 가까이 살고 싶어하는 여자와의 관계에 투자하지 않을 것이다.

요컨대 견고한 관계라면 이미 가치를 공유하고 있다고 볼 수 있다. 그러나 가치 공유와 관련해 속기 쉬운 요소가 있는데 바로 그 가치 공유가 지나치게 대략적이라는 것이다. 대부분의 사람들이 가족, 근면, 성실, 신의, 충실, 정직을 중요한 가치로 여긴다. 그러나 미성숙한 사람과 관계를 맺으면 이야기가 달라진다. 이들은 이러한 가치를 중요하게 여긴다고 믿지만 성격 구조 때문에 가치 인식이 왜곡되고 가치를 적절히 실행할 수 없게 된다.

예를 살펴보자. 러스는 정직을 중요하게 생각하지만 그의 성격 구조 때문에 자기애가 현실을 왜곡한다. 따라서 러스는 자신도 모르는 사이에 살면서 경험하는 일들을 자신의 명분에 맞게 바꾼다. 예컨대 그는 아내가 이혼 소송을 제기해서 격분했다. 그래서 아이들에게 아내를 나쁜 사람으로 세뇌시켜도 될 권리가 있다고 생각했다. 자신은 피해자이므로 복수해도 된다고 생각했기 때문이다. 그는 아내와 관련된 이야기를 어찌나 그럴듯하게 왜곡했는지 중요한 진실을 거의 인지할 수 없을 정도였다. 그러나 그는 자신이 한 이야기를 모두 믿었다. 미성숙한 사람은 자신이 왜곡한 사실이 진짜라고 믿는다. 방어기제 때문에 진짜 현실이 바뀌었기 때문이다. 미성숙한 사람은 현실에 관해 자신이 꾸며낸 이야기가 진짜가 아니라는 직접적인 증거와 마주하게 되더라도 그 이야기가 진짜라고 죽을 때까지 믿을 것이다.

정서적 조화에서 중요한 두 번째 요소는 관계에 함께 투자하는 것이다. 이 역시 겉으로만 판단하면 관계 당사자가 서로 하고 있는 투자의 특징을 명확하게 확인할 수 없다. 신의, 그리고 데이트에서 약혼을 거쳐 결혼으로 진행되는 과정을 예로 들 수 있다. 여기에서 심각한 문제가 발생한다. 미성숙한 사람의 경우 파트너가 자신에게 의지하도록 상황을 교묘하게 조종하기 위해 재빨리 투자할 것이기 때문이다. 미성숙한 사람은 관계의 토대가 불안하다고 느끼기 때문에 파트너가 자신을 영원히 떠나기 힘들도록 만들고 싶어한다. 따라서 이들은 파트너가 기존의 수많은 자원을 포기하리라는 확신이 들 때까지 다정하고 친절하게 군다. 그런 다음 파트너에게 기존의 자원을 '놓아버리라'라고 요구하는 일은 흔한 전략이다. 파트너가 즐기던 취미와 활동 때문에 관계가 '소원해진다'라면서 그 모든 것을 그만두라고 설득하는 일 역시 흔하다. 파트너의 우정이나 가족과의 관계를 방해하는 것 역시 상대를 의존하게 만들기 위해서다. 간혹 금전 자원을 마음대로 주무르기도 한다. 미성숙한 사람은 파트너를 확실히 잡았다고 생각되면 본 모습으로 돌아가는 경우가 많다.

커플이 갈등을 해결하는 능력도 정서적 조화의 세 번째 요소다. 미성숙한 파트너는 관계가 확실해질 때까지 '다정한 척' 하는 경우가 잦다. 그러나 파트너가 관계에 전념하고 자신에게 의존하고 있다고 생각되면 이들과 뭔가를 의논할 때 벽에 머리를 부딪치는 느낌이 들 것이다. 당신의 의견을 아무리 여러 번 다양한 방식으로 설명하더라도 파트너는 동의하지 않을 것이며 자기 입장을 바꾸지 않을 테니까.

미성숙한 파트너는 마음이 열려 있지 않고 생각이 매우 경직되어 있다. 이들은 자기 의견이 옳다고 믿기 때문에 다른 의견은 고려조차 하지 않는다. 이뿐만 아니라 앞서 설명했듯이 이들의 행위 때문에 상처받았다거나 불만이 있다고 말한다고 해도 이들은 받아들이지 않을 것이다. 오히려 상황을 당신에게 불리하게 교묘히 조작하고 당신을 비난할 것이다. 따라서 관계에서 발생한 갈등이 해결되는 경우는 드물다.

몸과 마음은 연결되어 있다

정서적 친밀감과 공감은 만족, 평화, 기쁨을 부른다. 이 두 가지 요소는 우울을 줄이고 불안을 없애 관련된 모든 사람의 삶의 질과 정신 건강을 개선한다. 세상에 자신의 재능을 표현하고 세상을 더 나은 곳으로 만들 수 있는 단단한 성격을 지닌 정서적으로 건강한 아이를 기르는 열쇠이기도 하다. 인간은 행복할 때 혁신적이고 창의적이며 단호하고 집요하고 뛰어나다.

이 책에서 정서적 친밀감이란 무엇이며 어떻게 하면 쌓고 유지할 수 있는지, 공감이란 무엇이며 어떻게 할 수 있는지 알아보았지만 정서적 친밀감과 공감만큼 중요한 세 번째 요소가 있다. 바로 심신상관성이다.

심신상관성은 동양철학이며 대부분의 아시아 문화권에서 종교적인 방식으로 행한다. 이는 마음과 몸이 하나가 되었을 때 둘 다 가장 건강하다는 믿음이다. 온전하고 자신감 있고 분별 있으며 살아 있다고 느끼는 상태는 마음과 몸이 연결되었을 때 가장 강하다. 또한 마음과 몸이 연결된 상태에서는 불안이나 우울도 거의 느끼지 않는다. 집중력도 날카로워진다. '무아지경'이라는 말은 마음과 몸이 연결된 상태를 잘 표현한다. 마음과 몸이 연결되면 신체적 수행 능력도 최고조에 이른다.

인간은 이러한 심신상관성을 경험할 때 가장 살아 있고 균형 잡히고 차분하다고 느끼며 심신상관성을 유지하는 훈련을 하면 할수록 이러한 긍정적인 느낌이 더 오래 지속된다. 이 상태에서 인간은 정서적 친밀감과 공감을 가능하게 할 능력이 훨씬 커진다. 이 두 가지가 가능하려면 마음과 머리가 열려 있어야 하기 때문이다. 심신상관성을 통해 자신감 있고 분별 있으며 균형 잡히고 차분한 상태에 이를 수 있기 때문에 마음과 머리가 열린다.

어린 자녀가 있는 어머니에 비유해보자. 어머니가 어떤 상태일 때 자녀를 가장 잘 보살피고 사랑할 수 있을까? 스트레스가 없고 충분히 휴식을 취했을 때일까 아니면 불안하고 걱정스럽고 우울할 때일까? 우울과 불안이 없는 어머니가 자녀와 더 안정적인 애착을 형성한다는 것은 많은 연구를 통해 밝혀졌다. 이는 자녀의 바람직한 발달 진행과 정신 건강으로 이어진다. 요컨대 정서적으로 건강한 사람이 온전하다고 느끼면 정서적 친밀감을 형성하고 공감하는 능력이 향상된다.

그렇다면 심신상관성이란 무엇일까? 이는 마음과 몸이 공통된 목표를 향해 함께 움직일 때 실현된다. 몸이 어떤 일을 하려면 마음에서 몸이 무엇을 하는지 생각해야 한다. 마음과 몸이 협력하는 것이다. 전통적인 방식의 심신상관성 활동에는 요가, 태극권, 무술, 춤이 있다. 전통적이지 않은 활동도 있다. 테니스, 축구, 라크로스, 농구, 라켓볼을 비롯한 대부분의 스포츠에는 심신상관성이 필요하다. 예술을 창작하는 일 역시 강력한 심신상관성을 요한다. 이때 손은 마음을 표현하는 도구가 된다. 그림, 조각, 목공예가 그 예다. 심신상관성 활동을 시간이 허락하는 한 자주 하는 것이 중요하다. 일주일에 한두 번이라도 좋다.

심신상관성 활동의 예로 테니스를 살펴보자. 테니스에 관한 책 중 가장 유명하다고 할 수 있는 책에서도 (저자가 심신상관성이라는 단어를 사용하지는 않았지만) 심신상관성과 그 중요성을 설명하고 있다. 책 제목은 《내면의 테니스 게임The Inner Game of Tennis》이다. 책에서는 마음과 몸이 조화되지 못할 때 테니스 경기에서 벌어지는 문제에 관해 이야기한다.

테니스를 칠 때 사람들은 상대방의 공을 놓치고 나서 흔히 자신을 질책한다. 이들은 자신을 향해 '무릎을 굽혔어야지!', '톱스핀을 했어야지, 이 바보야!' 같은 말을 하기도 한다. 대개 이들은 마음이 바라는 대로 몸이 움직여주지 않은 데에 화를 낸다. 이럴 때, 그러니까 마음이 몸에게 화가 났을 때 마음과 몸 사이에는 분열이 생긴다. 분열이 발생하면 몸이 긴장하여 연습할 때처럼 힘을 빼고 물 흐르듯이 공을 따라 자연스럽게 움직이지 못하며 몸이 경직되어 다시 한 번 생각하게 된다. 그러면 대부분은 공을 끝까지 쫓아가지 못하고 중간에 멈추거나 긴장과 뻣뻣함 때문에 무릎 굽히는 것을 잊어버린다. 공을 칠 때마다 분열은 더 커지며 부정적인 생각과 좌절에 지배당한다. 그러면 몸은 정말 난관에 봉착한다.

그러나 마음이 몸의 적이 되지 않고 친구로 남아 있으면 결과는 달라진다. 마음이 몸을 굳게 믿으면 몸은 긴장을 풀고 유연해진다. 근육은 이를 본능적으로 기억하고 몸은 할 수 있는 만큼 자연스럽게 움직인다. 이것이 심신상관성이다. 마음과 몸이 긍정적으로 협력하면 놀라운 일이 벌어진다.

물론 장거리 달리기, 수영, 자전거타기도 기분이 좋아지는 데 도움이 된다. 그러나 이런 운동을 하면 마음과 몸이 연결되기 보다는 분열되는 경우가 많다. 장거리를 달리는 내내 엔도르핀이 생성되고 기분이 좋을 수는 없다. 많은 장거리 주자들이 완주하는 일이 얼마나 어려웠는지 이야기한다. 이 경우 마음은 몸에게 원하는 것을 해달라고 외친다. 그러면서 분열이 생긴다. 또한 달릴 때는 마음과 몸이 굳이 복잡하게 협력하지 않아도 된다. 달리는 사람들 중 다수는 자동조종 모드로 전환되어 마음은 이리저리 떠돌며 다리와 팔이 하는 일 이외의 대상에 집중한다. 물론 달리는 동안 리듬감 있게 숨 쉬기 때문에 명상의 효과가 있고 엔도르핀이 생성될 정도로 오랫동안 열심히 달리고 나면 마음이 차분해지는 효과는 있지만 다른 운동에 비하면 심신상관성과 그다지 관계없는 활동이다.

심신상관성의 중요한 특징은 훈련하면 할수록 더 오래 유지된다는 것이다. 이런 이유 때문에 동양 문화권에서는 하루에 서너 번씩 행한다. 태극권, 무술, 명상, 요가, 기도 모두 마음과 몸을 연결해주며 자신감과 분별, 차분함, 집중력을 얻을 수 있는 활동이다. 이를 훈련하는 사람들은 무엇이 중요한지 거듭 떠올리며 더 자신감 있고 분별 있으며 의식적인 상태로 살아간다.

불행히도 서구 문화권에서 마음과 몸의 분열은 매우 심각하다. 의료서비스의 형태만 봐도 분열이 심하다는 것을 알 수 있다. 서구 문화권에서는 마음과 몸을 완전히 분리된 개체로 다룬다. 예컨대 뼈가 부러지면 정형외과 의사를 찾아간다. 우울하면 심리학자에게 간다. 정형외과에서는 환자에게 사고 때문에 악몽을 꾸는지, 갑자기 과거의 일들이 떠오르지는 않는지, 정신이 흐릿해지지 않았는지 묻지 않는다. 심리학자는 부러진

뼈를 치료하려고 하지 않는다. 그러나 마음과 몸은 연결되어 있으므로 몸이 부러지면 마음도 다친다. 마찬가지로 마음이 다치면 몸도 아프다. 정신신체 증상 psychosomatic symptom ◆을 앓는 사람이 많아지는 것도 이런 이유에서다. 정서적으로 고통받는 수많은 사람들이 자해하는 이유기도 하다.

마음과 몸 사이의 분열이 너무 심해지면 마음이 사라진다. 몸에서 마음이 사라지거나 그 반대의 경우 극심한 고통이나 무감각이 찾아온다. 이러한 부정적인 상태가 극에 달하면 인간은 신체에 고통을 가해 몸을 망가진 마음으로 억지로 돌려보내려 한다. 자살은 그야말로 마음과 몸을 완전히 단절하는 행위다. 이는 몸으로 돌아가는 방법을 찾지 못한 마음이 저지르는 일이자 그 상태를 견디기에 너무 고통스러워서 삶을 끝내는 것이다.

〰〰 마음의 불편 때문에 몸에 나타나는 증상-옮긴이

마음과 몸이 따로 떨어진다면

마음의 불안과 원인 모를 몸의 통증

마음과 몸이 분열되면 마음에는 불안이 찾아오고 몸은 통증을 겪는다. 지금은 의학적으로 설명할 수 없는 신체적 질병이 그 어느 때보다 많다. 이러한 정신신체 증상을 호소하는 사람도 매우 많다. 불안도 마찬가지다. 30년 전에는 불안이 흔하지 않았다. 불안의 증가 원인 중 하나는 농경사회에서 산업사회로의 변화다. 지금은 몸을 써서 일하거나 마음과 몸을 동시에 활용하는 일을 하는 사람이 많지 않다. 수제 대신 상업화가 자리를 차지했고 소상공인들은 대기업에 자리를 빼앗긴다. 사람들은 차를 타고 가는 것이 더 빠르기 때문에 걸어 다니는 일이 드물고 최근 자전거가 다시 인기를 얻고 있지만 대부분 생활 수단이 아닌 여가활동이다.

주의 결핍장애

주의 결핍장애Attention Deficit Disorder 역시 마음과 몸이 분열되어 발생하는 증상이다. 뇌에 주의력을 균일하게 통제하는 화학물질이 부족하면 마음은 이리저리 헤매고 주의가 산만해진다. 그래서 주의 결핍장애가 있는 사람들은 끊임없이 움직이고 싶어한다. 마음이 안정을 찾기 위해 몸과 다시 연결되려고 애쓰는 것이다.

주의 결핍장애가 있는 사람들 중 운동으로 효과를 본 경우가 많다. 운동을 하면 활력이 생기고 심신상관성을 훈련할 수 있으며 그 상태로 시간을 오래 보낼수록 활동을 하지 않을 때도 같은 상태를 더 길게 유지할 수 있기 때문이다.

마음과 몸의 분열로 생길 수 있는 고통의 또 다른 예로 섭식장애를 들 수 있다. 이 역시 마음과 몸이 조화되지 않아서 발생한다. 마음이 몸을 판단하고 비난하고 벌주는 것이다. 마음과 몸이 건강하게 연결되어 있지 않으면 이 둘은 제각기 홀로 기능하며 그 결과는 사람의 감정에 정확하게 반영된다. 몸이 음식을 먹고 싶다고 보내는 신호를 마음이 무시하면 몸은 굶주리게 된다. 그러면 몸은 신진대사를 늦추는 것으로 복수하는데 이는 마음이 원하는 것과 정반대다. 따라서 마음은 음식을 더 줄이는 것으로 복수한다.

자극에 중독되기

많은 사람들이 마음이 개입되지 않은 육체적 만족을 끊임없이 추구한다. 나는 성생활이 문란한 많은 사람들에게서 성관계가 즐겁지 않지만 무슨 이유인지 하지 않으면 안 될 것처럼 느낀다고 토로하는 말을 들었다. 이러한 충동은 몸이 아닌 마음에서 온다. 그러나 이 둘이 연결되어 있지 않기 때문에 몸은 마음이 원하는 것을 제대로 이해하지 못하고 정서적 친밀감과 공감 같은 마음이 원하는 것을 찾기 위한 수단으로 성관계를 시도한다.

판에 박힌 일상 역시 우리 문화에 마음과 몸의 분열이 널리 퍼졌다는 증거다. 우리는 대부분 하루에 8시간 동안 책상에 앉아 마음만 활용한다. 그런 다음 간혹 운동하러 가서 러닝머신에 올라 억지로 몸을 뛰게 한다. 그러는 동안 러닝머신 앞의 텔레비전을 응시하거나 조작판 위에 놓아둔 잡지를 보며 지루한 운동에서 마음이 달아나도록 한다.

이보다 훨씬 건강한 쪽을 선택하려면 춤, 무술, 요가 강좌를 수강하면 된다. 이런 활동을 하면 마음과 몸이 다시 서로 익숙해지고 연결될 기회가 생긴다. 시간이 빨리 지난다고 느껴지는 모든 신체 활동은 대부분 마음과 몸을 연결해준다. 예를 들어 테니스 치는 사람들은 대부분 연습이 끝날 시간이 되어도 테니스를 계속 치고 싶어한다. 테니스 치는 날을 기다리는 사람들도 많다. 이들은 몸이 피곤하지만 않으면 하루 종일 테니스를 치려고 든다.

외모와 신체에 대한 잘못된 인식

우리 문화에 마음과 몸의 분열이 만연하다는 증거는 성에 관한 인식에서도 확인할 수 있다. 외모와 개별 신체 부위에 대한 집착은 마음과 몸을 갈라놓는 경우가 많다. 많은 사람들은 특정 신체 부위가 얼마나 크고 작은지에 따라 매력을 느낀다. 신체 부위에 따라 사람을 구분하기도 한다.

"그 여자는 다리가 정말 예뻐."

"그 남자는 헤어스타일이 멋있어."

"그 남자는 몸이 좋아."

우리는 습관적으로 어떤 사람의 몸을 부분으로 나누고 그것을 온전한 사람과 완전히 분리해서 평가한다. '저 여자 끝내주는데' 같은 말도 마찬가지다. 그 사람의 가치를 전체적으로 어떤 사람인지가 아니라 외모와 관련짓는다. 다시 말해 대중매체의 영향으로 사람은 사물 취급을 당하게 되었으며 이는 곧 마음과 정신이 무시되고 몸이 주목의 대상이라는 뜻이다.

이런 경향을 인식하기는 힘들다. 우리는 매우 어린 나이

부터 대중매체의 영향을 받아 사람의 몸을 세분화하고 그에 따라 평가하도록 사회화되었기 때문이다. 다시 말하지만 우리는 사람의 몸을 전체 개체로 보도록 사회화되지 않았다. '그 여자는 매력적인 사람이야'라든지 '그 남자는 존경할 만한 인물이야' 같은 말을 듣는 일은 드물다.

일반적으로 대중매체에서는 엉덩이와 가슴을 강조한다. 잡지 표지, 광고, 성인 대상의 텔레비전 쇼에서도 마찬가지다. 분명 결국에는 성격까지 가겠지만 사람을 평가할 때 우리가 성격에 최우선 가치를 두지는 않는다. 우리가 가장 먼저 가치를 두는 것은 외모, 즉 몸이다. 사람을 만났을 때 마음보다 몸을 먼저 평가하기 때문에 마음과 몸 사이에는 어쩔 수 없이 분열이 생긴다. 이러한 최초의 인식 때문에 그 분열은 더 심해진다.

뇌가 정보를 처리하는 방식 때문에 신체적인 면을 먼저 받아들인다고 주장할 수도 있다. 이는 일부 사실이다. 그러나 우리가 누군가를 처음으로 잠깐 만났을 때 그 사람의 눈동자 색이나 이름을 기억하는 일은 드물다. 그런데도 신체적인 특징은 똑똑히 기억한다. 우리는 성적 매력과 관련된 신체 부분에 주목하도록 사회화되었다. 이를 바꾸려면 성적 매력은 해부학적인 신체 일부의 모양과 크기가 아니라 성격에서 온다고 생각하도록 우리 아이들을 사회화해야 한다.

어른의 경우 부부나 연인 관계에 정서적 친밀감이 부족하면 사랑하는 파트너와 성관계를 갖기보다 외설물을 이용하여 성적 욕구를 채우는 빈도가 증가한다. 안타깝게도 외설물은 몸에만 초점을 맞추고 성격이나 인간성은 밖으로 밀어내 버리기 때문에 마음과 몸을 더욱 갈라놓는다. 육체적으로 욕구가 해소되어 좋을지 모르지만 그로 인해 마음과 몸의 분열이 지속되면 결국 외설물을 보고 난 뒤에 더 우울하고 불안해진다. 이러한 감정을 방지하고 육체적 욕구를 더 확실하게 해소하기 위해 외설물을 반복해서 찾게 된다. 술과 비슷하다. 사람들은 기분을 빨리 좋게 하기 위해 술을 마시지만 장기적으로는 기분이 더 안 좋아진다. 또한 처음에 느꼈던 만족감과 해방감 얻으려면 술을 점점 더 많이 마셔야 한다.

몸과 마음을 이어주는 활동

정서적 친밀감이 있으면 성적 매력과 거리가 먼 사람에게서도 성적 욕구를 느낄 수 있다. 불행히도 정서적으로 여유 없는 사람은 피상적인 만족감을 주는 성관계만 경험한다. 그러나 정서적으로 여유 있는 사람은 파트너와의 성적 교감을 통해 흥분, 열정, 위로, 차분함, 보살핌받는 느낌, 사랑받는 느낌을 모두 느낀다. 성관계는 커플을 정서적으로 묶어주어 서로 점점 친밀해지게 한다. 정서적 친밀감이 사라지면 성욕도 사라진다. 성관계를 주기적으로 즐기지 않는 커플은 정서적 친밀감이 부족해져서 관계가 위기에 빠질 수도 있다.

사랑하는 파트너와의 성관계는 마음과 몸의 궁극적인 결합이다. 파트너와의 성관계가 흥분되고 즐거우면 파트너와 깊이 연결된 느낌이 든다. 이때 마음은 그 경험에 온전히 집중한다. 당신의 마음과 몸은 파트너의 마음과 몸과 하나가 된다. 함께 마음과 몸의 결합을 경험하고 나서 그 경험을 나누는 일은 매우 즐겁다.

마음과 몸이 연결되는 또 다른 예는 예술이다. 미술에는 나체와 성적인 자세가 많이 등장한다. 세분화된 신체 일부를 다루는 경우도 많다. 그러나 외설물과 달리 예술은 인간의 정신과 그 안에 내포된 모든 것을 표현하는 행위다. 예술은 정신과 영혼이 없는 신체 행동만 묘사하지 않는다. 이 모든 것을 표현한다. 이것이 바로 예술과 일반적인 그림이나 소묘를 구별하는 특징이다. 예술에는 감정과 영혼이 깃들어 있다. 그래서 사람들에게 정서적이며 신체적인 감동을 준다.

예술 창작 역시 중요한 심신상관성 활동이다. 회화, 조각, 캘리그라피, 소묘, 목공예는 인간의 손을 마음의 도구로 활용하는 예다. 마음과 몸은 무언가를 창작하기 위해 함께 일한다. 안타깝게도 대부분의 사람들은 창의력을 허락하지 않는 일을 한다. 이들은 회사가 정한 절차와 규정에 따라 임무를 완수한다. 단조롭고 진 빠지는 일이지만 대부분의 인간이 하고 있다. 사람들이 일터에서 창의력과 혁신을 발휘할 수 있다고 상상해보자. 직장이 더 흥미롭고 즐거울 것이다.

요가, 태극권, 무술, 춤 같은 전통적인 활동이나 운동, 그림, 소묘, 색칠하기, 작곡 같은 미국적인 심신상관성 활동을 통해 마음과 몸 사이의 분열을 줄이고 심신상관성을 회복하면 기분이 좋아진다. 그렇다고 해서 치료에 있어 심리 상담이 중요하지 않다는 이야기는 아니다. 상담을 통해 애당초 마음과 몸을 갈라놓은 극심한 수치심이 어떤 일들 때문에 발생했는지 이해하는 것 역시 매우 중요하다.

앞서 설명한 활동 이외에 명상 또한 마음과 몸을 이어준다. 제대로 숙달하기가 힘들지만 명상을 통해서도 균형감, 차분함, 자신감과 분별을 얻을 수 있다. 명상의 서구화된 형태가 기도다. 조용히 반복해서 기도문을 외는 것은 명상의 일종이다. 규칙적으로 호흡하게 되고 마음과 몸이 함께 이완되어 집중하게 되고 머리가 맑아지기 때문이다. 많은 사람들이 기도를 통해 위안을 얻고 불안감을 없앤다. 기도하지 않는 사람들에게는 명상이 반드시 필요하다.

요컨대 어린 시절의 고통, 대중매체가 우리를 사회화한 방식, 공감과 정서적 친밀감 부족이 마음과 몸의 분열을 초래할 수 있다. 이 문제를 해결하지 않으면 분열은 날이 갈수록 커진다. 대체로 심리상담은 이러한 문제를 해결하기에 좋은 출발점이다. 심신상관성 활동을 규칙적으로 하여 즉시 위안을 얻을 수도 있다.

몸과 마음이 연결되어야
관계가 회복된다

사람들은 마음과 몸이 연결되어 있을 때 온전하고 살아 있다고 느끼며 이런 느낌을 통해 자신의 본질에 다가갈 수 있다. 심신상관성은 자기 자신을 만나게 해준다. 자신이 누구인지 아는 것은 건강한 심신상관성에서 비롯된 것이다. 정서적으로 건강한 사람에게는 독특하고 특별한 그들만의 정신이 있다. 이타적이고 사려 깊고 인정 많은 정신이다.

이는 자기애 성향을 보이는 사람과 정반대다. 이들은 피상적인 수단을 통해 자아를 만족시키는 데에만 관심이 있다. 정서적으로 여유 없는 사람은 대부분 자기애에 빠져 있으며 다른 사람의 주목, 돈, 성공, 칭찬에 집착한다. 이뿐만 아니라 이들은 이타적인 행동이나 자선 행위를 흉내 낸다. 이런 행동은 진심 어린 마음에서 우러난 것이 아니라 좋은 인상을 남기고 싶은 사람들에게 호감을 주려는 기제에서 비롯된다. 다시 말해 정서적으로 여유 없는 사람은 보는 사람이 있거나 자신의 행동을 떠벌일 수 있는 상황에서만 이타적인 사람인 척한다.

수영장에 비유하자면 정서적으로 여유 없는 사람들의 수영장 깊이는 2미터 정도인 반면 정서적으로 건강한 사람의 깊이는 4미터에 이른다. 그래서 정서적으로 여유 없는 사람은 깊이 있는 생각이나 감정을 이해하지 못한다. 이들의 내면 수영장은 그 정도로 깊지 않다. 이들은 자신의 만족감 위주로 관심을 갖는다. 따라서 한 치 앞을 내다보지 못하며 공감할 수도 없다.

안타깝게도 정서적으로 여유 없는 사람은 정서적으로 건강한 사람의 본질이 강한 힘을 지녔음을 어느 정도 인식한다. 그러나 사람의 외적인 면에 중점을 두기 때문에 본질을 이해하지는 못한다. 이들은 돈, 지위, 성공, 아름다움이 아닌 다른 가치가 힘의 원천이 될 수 있다는 개념을 모른다. 처음에는 이 개념에 매력을 느끼지만 시간이 지날수록 자신은 그렇지 않다는 사실만 거듭 깨닫게 된다.

정서적으로 여유 없는 사람은 질투심이 강하고 매우 불안하며 통찰력이 부족하므로 자신이 갖지 못한 신비스러운 힘에 위협을 느낀다. 따라서 이들은 그 힘을 지배하고 통제하려 든다. 그리고 통찰력이 부족하기 때문에 자신도 의식하지 못하는 사이에 이러한 공격성을 바탕으로 행동한다.

앞서 언급했듯이 정서적으로 여유 없는 사람은 깎아내리는 말로 파트너의 가치를 낮추면서 자존감을 공격한다. 정서적으로 여유 있는 파트너가 이를 비판해봤자 의견을 존중받지 못하고 오히려 비판 때문에 존엄성을 빼앗기는 경우가 많다. 그러는 동안 정서적으로 여유 없는 사람은 파트너의 성격에 결함이 있기 때문에 이런 대우를 받아 마땅하다는 듯이 행동한다. 정서적으로 건강한 사람은 존중받지 못하고 냉담하게 대접받아 깊이 상처받지만 파트너를 믿기 때문에 그 이유를 이해하지 못한다. 그렇기에 파트너가 옳고 관계에서 잘못이 있는 쪽은 자신이라는 결론밖에 내릴 수 없다.

불행하게도 정서적으로 여유 없는 사람의 공격은 파괴적이고 지속적이기 때문에 다음 두 가지 일이 벌어진다. 우선 상대를 깎아내리고 존중하지 않는 말 때문에 정서적으로 건강한 사람이 심하게 상처받는다. 그다음으로 정서적으로 건강한 사람은 결국 자신을 탓하게 된다. 파트너가 나쁘다는 사실을 인정하지 않고서 상황을 이해할 방법은 이것뿐이기 때문이다. 이런 일이 반복되면서 정서적으로 건강한 사람의 정신은 서서히 무너진다. 이들의 본질 역시 해를 입는다.

정신이 고통받으면 마음과 몸이 분열된다. 그러면 불안, 우울, 자신에 대한 회의가 뒤따른다. 안타깝게도 이 모든 일은 문제의 원인이 파트너가 아닌 자신이라는 생각으로 이어진다. 이 시기에 해야 할 가장 중요한 일은 해로운 파트너와 떨어져서 시간을 보내는 것이다. 또한 심신상관성 활동을 하면 정신을 다시 일으키는 데 도움이 될 것이다. 정신을 회복하면 정상적으로 작동하지 않는 관계를 있는 그대로 보고 자유를 찾을 수 있다.

그러나 중요하게 구분해야 할 사항이 있다. 건설적인 비판과 깎아내리는 말의 차이점이다. 파트너를 돕고 부족한 부분을 인식할 수 있도록 하는 것은 다른 한쪽의 책임이다. 강조하건대 이런 종류의 비판을 매일 또는 매주 할 필요는 없다. 그러나 완벽한 사람은 없고 통찰력이 아무리 뛰어나도 보지 못하는 부분이 있다. 상처받는 것으로 끝날 수 있는 문제를 파트너가 통찰하도록 다정하게 응원하는 일은 사랑하는 사람의 임무다.

건설적인 비판과 깎아내리는 말의 차이를 알아보기 위해 몇 가지 예를 살펴보자.

첫 번째로 에이미의 예다. 바쁜 싱글맘인 에이미는 넓은 집과 마당을 관리하느라 힘들어한다. 그런데 집 마당에 있는 큰 트램펄린이 태풍에 망가졌다. 몇 군데 망이 찢어졌고 기둥도 흔들렸다. 에이미는 이를 대수롭지 않게 생각했다. 그래서 망을 걷어내고 일곱 살 난 쌍둥이에게 조심하라고 당부했다.

에이미가 집에 없을 때 다른 집 아이들이 트램펄린에서 논다고 다정하게 알려준 사람은 그녀의 연인이었다. 그제야 에이미는 자신이 집에 없는 경우가 많기 때문에 트램펄린에서 놀다가 누군가가 심하게 다칠 수도 있다는 것을 깨달았다. 동네에서 이웃집 아이들이 마당을 넘나들며 뛰어노는 일은 흔히 있었다. 에이미의 집에서 위험한 일이 벌어지면 책임은 그녀의 몫이었다. 그녀는 즉시 트램펄린을 철거했다. 그녀의 연인이 한 말은 이것이었다.

"에이미, 망이 없는 트램펄린은 너무 위험해보여. 당신이 집에 없을 때 무슨 일이 생기면 어떡해?"

이제 해로운 파트너의 반응을 살펴보자. 해로운 파트너라면 '미쳤어? 사람이 죽을 수도 있는 덫을 왜 놓는 거야? 애들이 다치면 당신 잘못이야. 당신이 저지른 일 때문에 고소당할 거라고. 그런 일이 생겨도 난 도와주지 않을 테니까 도와달라고 하지 마!'라는 식으로 반응할 것이다.

첫 번째 반응은 정중하고 에이미를 보호하려는 의도가 있다. 두 번째 반응은 무례하고 상대를 깎아내리며 비난하는 말이다. 그리고 에이미가 제정신이 아니고 멍청하고 무능하며 나쁜 사람이라는 의도를 넌지시 풍긴다. 이 둘의 차이는 극명하다. 첫 번째 개입은 건강하지만 두 번째는 모욕적이다. 요컨대 사랑하는 사람은 파트너에게 항상 주의를 주고 건설적인 비판을 통해 통찰력을 갖도록 도와야 하는데 이때 비판은 언제나 정중해야 한다.

이번에는 벤의 예를 살펴보자. 식료품점에 간 그는 두 아이들에게 수영장에서 마실 음료수를 고르라고 했다. 그러나 서두르는 바람에 딸이 유리용기에 든 음료수를 집어든 것을 미처 몰랐다. 나중에 차에 탄 아내가 편안한 말투로 조용히 말했다.

"여보, 몰리가 음료수가 든 유리병을 떨어뜨리면 유리가 깨져서 다칠 수도 있어."

벤은 그제야 위험할 수 있다는 것을 깨닫고 음료수를 옮겨 담을 분홍색 물병을 재빨리 찾았다.

그러나 해로운 사람이라면 이렇게 말했을 것이다.

"맙소사. 몰리에게 유리병을 줬다고? 당신 도대체 무슨 생각하는 거야? 바보 같으니라고. 그 애가 유리병을 떨어뜨리면 모두의 시간을 망쳐버릴 거야."

여기에서도 차이는 분명히 드러난다. 첫 번째 비판은 건설적이고 도움이 되지만 두 번째는 공격적이고 무례하다.

요약하자면 정서적으로 여유 없는 사람은 파트너의 정체성을 파괴하고 이로 인해 파트너는 자신의 본질에서 멀어진다. 그러면 정서적으로 건강한 사람은 망가져서 자기 재능을 세상과 나누지 못한다. 심신상관성을 회복하면 이들이 정신을 회복하는 데 도움이 된다. 온전하다는 느낌이 들면 계속 제 기능을 하지 못하는 관계를 끊어낼 준비 태세를 단단히 갖출 수 있다.

친밀한 관계를 만들어주는
애착의 힘

아이 키우는 부모는 잘 알고 있듯이 아기를 보살피는 데에는 엄청난 신체 활동이 동원된다. 안고 흔들고 달래고 먹이고 재우고 토닥거리고 간지럼 태우고 포옹하는 것 외에도 많다. 부모와 자녀의 신체적 관계에 뿌리를 둔 달래기와 보살핌의 힘은 한계가 없다. 때로는 부모의 무릎 위가 자녀에게 가장 안전한 곳이 되기도 한다. 자녀를 기를 때 신체적 친밀감은 반드시 필요하다. 아이의 몸이 느끼는 감각은 마음을 차분하게 하며 몸이 편안하면 마음도 그렇다.

신체적 친밀감을 동원하여 자녀를 양육하지 않으면 아이들은 불안하고 우울해진다. 아이가 자랄수록 포옹 횟수는 줄어드는데 이 욕구를 놀이와 활동이 채워준다. 아이가 놀 때 마음과 몸은 하나가 된다. 연구에 따르면 놀이는 적절한 인지 발달과 정서적, 심리적 건강의 토대다. 놀이는 마음과 몸을 연결하는 활동이다.

아기와 양육자 사이의 애착의 질에 관한 연구를 통해 분명하게 드러난 사실이 있다. 양육자가 많이 공감하고 반응할수록 아기는 더 건강하고 행복하다. 아기의 정신 건강에 관한 연구에 따르면 아기의 생존에 양육자가 반드시 필요하기 때문에 아기가 양육자와 애착을 형성하고 옆에 붙어 있고자 양육자의 주의를 끄는 것은 생물적 본능이다. 울고 옹알이하고 웃고 꽉 잡고 눈을 맞추는 행동 모두 아기가 양육자를 가까이 불러오기 위한 방법이다.

양육자와의 애착이 빈약하면 아기는 상당한 기간 동안 부정적인 신체 상태에 놓이게 되고 이는 장기간의 괴로움으로 이어진다. 배고픔, 추위, 젖은 기저귀, 통증 모두 아기에게 정신적으로나 정서적으로 괴로움을 줄 수 있는 신체 상태다. 양육자에게서 일관되게 공감하는 반응을 얻지 못한 채 괴로움이 너무 오래 지속되거나 너무 심하면 아기는 심리적인 고통에 대처하기 위해 자기만의 세계로 물러나서 나쁜 방어 기제를 발달시킨다. 양육자가 방치하는 정도가 지나치면 아기가 자기만의 세계로 물러나는 정도도 심해져서 잘 자라지 못한다.

아기의 신체 상태는 심리적인 안녕과 연결되어 있다. 앞에서 말했듯이 아기가 양육자에게 의존하는 것은 아기의 생존에 매우 중요하다. 사실 아기의 신경은 양육자의 주의를 끌고 그들에게 붙어 있는 데 집중하도록 되어 있다. 아기는 태어난 지 3개월이 지나면 양육자의 목소리를 알아듣고 양육자의 얼굴과 다른 사람의 얼굴을 구분할 수 있게 된다. 아기가 양육자를 구분하고 더 좋아한다는 사실은 양육자와 분리되는 경우나 다른 사람과 양육자 중 한 사람을 선택하는 상황에서 분명히 드러난다. 애착이 잘 형성되면 아기가 정신적으로 건강하고 시기적절하게 발달할 뿐만 아니라 심신상관성도 유지된다.

아이가 자라 청소년기를 거치면서 몸이 변하고 약간 낯설어진다. 이 시기에는 대개 성장하기 위해 마음과 몸이 갈라지고 남녀 청소년 모두 몸의 변화에 집중한다. 대개는 자기 몸에 비판적이고 가끔 부끄러워하기도 하는데 이 때문에 마음과 몸의 분열이 커지고 불안이 강해진다.

불안과 우울을 그냥 두면 점점 심각해져서 자해를 하거나 자살을 시도할수도 있다. 미국의 십대 자살과 자해 비율은 기록적인 수치에 달했다. 자기 몸에 대한 십대의 분노와 좌절은 몸을 함부로 다루는 것으로 이어지는 경우가 많다. 이들은 문란하게 행동하거나 몸을 부주의하게 다루는 방식으로 자기 몸에 도취되기도 하고 몸을 경멸하기도 한다. 이 시기에 청소년들은 고통받기 쉬우므로 이들이 심신상관성을 회복하도록 반드시 도와야 한다.

성인기의 경우 어른은 자기 몸을 더 잘 받아들이게 되지만 마음과 몸이 연결되었다는 실질적인 감각을 거의 느끼지 못하기 때문에 이 둘을 연결하는 활동을 하지 않으면 분열로 고통받을 것이다.

이미 설명했듯이 인간에게는 양육과 사랑이라는 신체 접촉이 필요하다. 그러나 우리는 그리 많은 신체 접촉을 하지 않으며 성인기를 지낸다. 연인이나 배우자와 오랜 관계를 유지하더라도 자주 포옹하고 입 맞추고 서로 즐거운 성관계를 갖는 경우는 드물다. 신체적인 애정과 사랑이 없으면 마음과 몸 사이의 분열은 더 커지고 불안과 스트레스에 지배당한다.

애착에 관한 연구에서는 신체 접촉과 양육이 인간의 정신 건강은 물론이고 생존에도 꼭 필요하다고 강조한다. 1950년대에 위스콘신대학교에서 심리학자 해리 할로우Harry Harlow가 실시한 연구가 있다. '원숭이 애착 실험'이라고 불리는 이 실험은 비록 원숭이를 대상으로 했지만 연구를 통해 인간의 경우를 추론했다. 이 연구는 애착 연구와 아기의 정신 건강 및 발달 연구의 기초가 되었다.

할로우는 새끼 원숭이들을 어미에게서 분리하여 각각 대리모와 함께 두었다. 기계로 만든 대리모에서는 우유가 나왔지만 하나는 아무것도 씌우지 않은 철망 상태였고 다른 하나는 부드러운 직물로 만든 담요로 단단히 감쌌다. 할로우가 처음으로 관찰한 의미 있는 장면은 대리모를 선택하도록 하자 새끼 원숭이들이 안락함을 찾아 담요를 씌운 대리모에게 달라

붙었다는 것이다. 철망 대리모에 장착한 병에서 우유가 나올 때도 결과는 마찬가지였다.

이를 통해 아기의 애착은 생물적인 요구를 충족하는 데에서만 오지 않는다는 것을 알 수 있다. 가까이에서 느끼는 부드러운 신체 접촉은 생물적 요구를 충족하는 것만큼 중요했다. 이 연구는 아기에게 즉시 적용되었다. 그 결과 아기와 어머니의 관계와 신체 접촉을 동반한 양육과 달래기가 아기의 정신 건강에 반드시 필요하다는 사실이 알려졌다.

이 개념을 더 발전시킨 두 번째 연구는 1990년대 루마니아의 고아원에서 관찰한 사실에서 출발했다. 불행히도 고아원의 상황은 끔찍했고 아기를 안아주거나 그들과 교감하거나 그들에게 긍정적인 자극을 주는 이가 아무도 없었다. 아이들은 철제 아기침대에 짐짝처럼 놓여 있었고 사람과의 교감, 장난감, 책 같은 것도 없이 춥고 벌거벗은 상태였다. 벽마저 색채가 없었다. 아이들 중 일부는 미국 가정으로 입양되었다.

게다가 영아기에 꼭 필요한 것을 빼앗기거나 돌봄을 받지 못하고 방치되면 신체적, 정서적 발달에 부정적 영향이 있을 뿐만 아니라 신경까지 손상된다는 사실이 몇 년 뒤 밝혀졌다.

이 아이들의 뇌를 스캔한 결과 두뇌 활동이 일어나지 않는 어두운 주머니 같은 것이 보였다. 이 아이들의 뇌 일부가 아예 발달하지 않았고 너무 오랜 세월 동안 긍정적인 자극을 받지 못해 뇌 회백질이 소멸되었다. 신체 접촉을 동반한 양육, 상호 교감, 놀이, 일관된 양육자가 주는 사랑 같은 긍정적인 자극은 신체적, 정서적 건강을 향상할 뿐만 아니라 아기의 뇌가 건강하게 발달하도록 해준다.

이 두 연구의 결과가 보여주는 것은 분명하다. 아기가 일관된 양육자에게서 돌봄을 받고 양육자와 안정적인 애착을 형성하면 아기의 마음과 몸은 잘 발달한다. 이때 형성된 애착은 아기가 평생 신뢰하고 사랑할 수 있는 능력을 좌우한다. 이를 작동 애착working attachment 이라고 한다. 영아기에 양육자와 안정적인 애착을 형성하면 그 아이는 어른이 되어서도 연인이나 배우자와 건강한 애착을 형성할 가능성이 높다.

이들 연구에서는 심신상관성의 절대적인 중요성 또한 입증되었다. 아기는 마음과 몸이 연결되어 있을 때 가장 행복하다. 처음에는 양육자가 아기의 심신상관성을 확고하게 해주어야 한다. 양육자는 아기가 마음과 몸을 연결하고 신체 감각을 조절하도록 돕는다. 기저귀가 젖었으면 갈아주고 추우면 따뜻하게 감싸주고 배고플 때는 먹인다. 사랑이 깃든 접촉, 눈 맞춤, 말할 때의 어조를 통해 양육자는 아기가 자기 몸을 이해하고 다루어 걷고 놀고 달리고 배우도록 돕는다. 기본적으로 아기는 양육자를 통해 심신상관성을 확고히 하는 방법을 배운다. 마음과 몸이 연결되지 않고 분열되면 마음은 소멸하고 몸은 고통스럽다.

아이들은 놀이를 통해 심신상관성을 유지할 수 있다. 놀이는 아이들의 마음이 지속적으로 성장하고 발전하는 수단이다. 이뿐만 아니라 신경 기능, 정서 건강, 신체 발달에도 매우 중요하다. 창의력, 사회에서의 관계, 자기 효능감, 혁신의 토대이기도 하다. 놀이는 심신상관성 활동이다.

그러나 나이가 들어가면서 놀 시간과 공간이 줄어든다. 사춘기에는 몸의 변화와 대중매체에서 전하는 메시지, 부모와의 정서적 친밀감 부족, 청소년기에 심한 수치심을 느끼게 한 특정 사건의 영향으로 마음과 몸이 분열된다. 마음과 몸이 분열되면 불안, 우울, 자해 충동이 생긴다. 청소년은 자기 몸에 고통을 줌으로써 마음이 몸으로 돌아오도록 강제한다. 어쨌든 고통을 가하면 몸에서 감각을 느끼기 때문이다. 무엇이든 신체 감각을 느끼는 편이 아무것도 느끼지 않는 것보다 낫다.

어른이 되어 마음과 몸을 연결하는 놀이나 활동을 하지 않는 데다가 마음과 몸의 분열이 흔하고 정서적 친밀감과 신체적 친밀감이 부족한 문화에 젖으면 역시나 마음과 몸이 분열된다. 이는 불안과 우울을 초래하며 외설물, 약물 남용, 쇼핑 같은 피상적인 신체 자극을 끊임없이 찾게 한다. 이러한 피상적인 활동을 하면 가슴이 뛰고 아드레날린이 분출되며 일시적으로 엔도르핀을 방출하지만 본질이 없기 때문에 기분 좋은 찰나가 지나고 나면 수치심과 자기 혐오가 찾아온다.

아기의 정신 건강에 관한 연구를 살펴본 결과 심신상관성은 인간의 생존에 꼭 필요하다고 단정적으로 추론할 수 있다. 심신상관성은 청소년기와 성인기에 중요하지만, 노년기에도 중요하다는 사실도 입증되었다. 마음과 몸이 모두 활동적인 노인은 건강하고 행복하다.

행복하고 건강하려면 평생에 걸쳐 마음과 몸이 연결되어

있어야 함은 분명하다. 심신상관성 활동을 자주 할수록 그 연결고리를 더 굳게 지키고 오래 유지할 수 있다. 그러니, 원하는 만큼 테니스를 쳐도 좋다. 시간을 내서 그림을 그리고 요가를 하고 아이들과 놀아라.

　마음과 몸이 연결되면 정서적 친밀감을 쌓고 공감할 가능성도 높아진다. 정서적 친밀감, 공감, 심신상관성, 이 세 가지는 우리에게 행복과 안녕을 선사한다.

6장

서로에게 딱 맞는
사람이 되려면
:

함께 행복해지기 위한 조건

편안하지만 좋은 자극을
주지 않는 관계

성숙한 사람과 미성숙한 사람은 정서적 가용성이 서로 맞지 않아 불만을 느끼지만, 미성숙한 사람끼리 만나면 때로 만족하기도 한다. 왜 그럴까?

미성숙한 사람은 정서적 친밀감에 관심이 없기 때문이다. 이들은 외적인 만족에는 관심이 매우 많다. 따지고 보면 이들이 마음을 쏟는 것은 외적인 만족뿐이다. 대부분의 경우 이들이 만족을 얻는 것은 돈, 권력, 성관계 중 하나 또는 다수다.

예를 들어보자. 부유한 남자는 늘 함께 다닐 수 있고, 성적 만족을 얻기 위해 아름다운 여자를 원할 수 있다. 아름다운 여자도 부유한 남자를 원할 수 있다. 자신이 속한 사교계에서 지위와 권력을 얻는 데 필요한 물질적인 것들을 얻을 수 있기 때문이다.

출세에 관심이 많은 여자라면 집에서 자녀를 돌보며 집안 일을 할 남편을 원할지도 모른다. 그래야 직장에서 힘 있는 자리를 지킬 수 있고 그럼으로써 권력 욕구를 충족할 수 있기 때문이다. 미성숙한 커플은 돈, 성관계, 지위, 권력 중 무엇이든 파트너가 기쁨을 주기만 한다면 관계에 만족한다. 사업 거래와 마찬가지다. 정서적 친밀감, 공감, 책임, 함께 하는 기쁨 같은 것들은 이들에게 필요치 않다. 이들은 파트너가 맡은 역할을 충실히 행하기만 하면 만족한다. 사업 거래처럼 피상적인 이 관계가 유지되는 이유는 미성숙한 커플이 이루 말할 수 없이 얄팍하기 때문이다. 물론 그들 스스로 그렇게 생각하지는 않지만 분명히 그렇다. 이들은 파트너든 자녀든 자신에게 만족을 주는 대상을 사랑하기에 스스로 속이 깊다고 생각한다. 그러나 자녀나 파트너가 만족을 주지 않으면 이 사랑은 사라지는데 이를 통해 그들의 사랑이 조건부이고 피상적임을 알 수 있다. 이들은 사람을 인간이 아닌 소유물로 대하며 사랑한다.

이러한 관계는 제대로 돌아가는 것처럼 보여도 당사자 모두 매우 불행하며 양쪽 다 피상적인 것에 병적으로 집착한다. 이렇듯 강박이 생기면 더 많은 돈, 더 높은 지위, 더 강한 성적 즐거움이 있어야 만족한다. 이들은 자신의 불행에 스스로 책임질 수 없으므로 피상적인 수단으로 만족감을 얻어야 하는데 그럴 수 없게 되면 앙갚음을 한다. 자기 불행을 파트너 탓으로 돌리고 외도를 하거나 돈을 마구 쓰는 경우가 많다. 파트너가 원하는 것을 주지 못했기 때문에 자신의 행동은 정당하다고 믿는다. 그래서 원하는 것은 뭐든 사거나 원하는 모든 사람과 성관계를 맺을 권리가 있다고 생각한다. 그러나 파트너가 자신의 역할을 계속 수행하여 점점 커지는 요구를 충족해주면 관계는 유지된다. 이들은 서로 물건 취급한다. 양쪽 모두 파트너를 성관계와 관련된 물건이나 돈 벌어오는 기계 취급하며 오직 이런 이유로만 파트너를 귀하게 여긴다. 이 경우 파트너가 없는 곳에서 불평하고 파트너를 깎아내리는 일이 잦다.

그러나 이들이 계속해서 상대의 요구를 서로 충족해주면, 다시 말해 둘 관계가 또 다른 사업 거래로 나아간다면(예를 들어 남편이 계속 돈을 벌어 주는 한 외도를 모르는 척하는 데 부인이 동의한다든지) 그 관계는 유지될 것이다. 둘 다 얄팍하고 허영심이 강하며 파트너를 외적으로만 만족시키면 되기 때문이다.

성숙한 사람과 미성숙한 사람의 관계에서는 이런 일이 벌어지지 않는다. 한쪽이 정서적 친밀감을 간절히 원하고 정서적 친밀감이 인간의 감정 중 가장 활력 넘친다고 생각하기 때문이다. 그리고 성숙한 사람에게는 다정함과 공감이 필요하다. 이들은 자신이 다른 사람들을 소중히 여기는 만큼 자신도 가치 있고 귀하게 여겨진다는 것을 알고 싶어한다. 이들은 속이 깊으며 마음 깊이 이타적으로 진심을 다해 사랑하기 위해 산다. 미성숙한 사람은 마찬가지로 미성숙한 사람과 천생연분이다. 끼리끼리 만나야 하는 법이다.

더구나 미성숙한 파트너가 성숙한 파트너를 떠나고 싶어하는 경우는 드물다. 왜 그럴까? 미성숙한 파트너의 마음 깊은 곳에서는 서로 어울리지 않는다는 것을 알기 때문이다. 성숙한 파트너의 품성과 섬세함은 미성숙한 파트너가 개척할 수 있는 비옥한 땅과 같다. 품성이 선한 사람의 래브라도 리트리버 같은 충성심, 겸손, 기품은 미성숙한 사람이 자기 이익을 위해 이용하고 악용하기에 딱 좋다. 미성숙한 사람의 마음 깊은 곳에서는 파트너의 선함을 감지하고 있으며 그들은 이 선함을 갖고 싶어한다.

미성숙한 사람은 자기 파트너의 가장 중요한 본질을 원하는데 이를 손에 넣는 방법은 조종과 지배뿐이다. 이들은 파트너가 자기 소유물이라고 생각하고 파트너의 장점과 창의적인 아이디어를 빼앗아 자기 이익을 위해 이용하고자 한다. 그동안에도 성숙한 사람은 파트너가 마음속으로는 자신을 걱정하고 도우려 한다고 굳게 믿는다. 그러나 실제로는 정반대다.

어떤 어려움도 헤쳐나갈 수 있는
최상의 관계

성숙한 두 사람이 만나면 대체로 쭉 행복하게 산다. 왜 그럴까? 정서적 친밀감을 유지할 수 있기 때문이다. 그들은 파트너의 관점을 선뜻 받아들이는데 이로써 협동, 타협, 공감이 가능해진다. 또한 열린 마음과 세상에 대한 관심 덕분에 파트너가 관심 있는 새로운 일들을 기꺼이 시도한다. 성숙한 사람은 대개 행복하기 때문에 신나고 긍정적이며 즐거운 시간을 선사한다. 이들은 정서적으로 성취감을 느끼기 때문에 외로움을 쫓기 위해 돈을 쓰거나 먹을 것이나 술에 탐닉하는 일이 드물다. 그렇기에 외부에서 오는 문제를 피할 수 있다.

이들에게는 공감 능력과 책임감이 있으므로 자녀 양육 방식도 비슷하고 필요한 경우 서로 힘을 보태주는 경우가 많다. 이들의 자녀는 부모의 공감과 책임뿐만 아니라 부모가 합심하는 데에서 혜택을 누린다. 본성이 이타적인 이 커플은 가족을 위해 개인의 요구를 희생하는 경우가 잦다. 이러한 투자야말로 삶에서 가장 소중하다는 것을 알기 때문이다. 할 일은 서로 나누며 가정을 운영하고 가족을 위한 의사결정을 하는 데 동등하게 기여한다. 악의 없는 가벼운 농담을 주고받고 유머 감각도 뛰어나서 늘 재미가 함께 한다.

비극적이거나 충격적인 일이 발생했을 때 다들 그러듯 성숙한 커플은 서로 힘이 된다. 상대에 대한 공감의 도움으로 생활을 유지해 나가며 회복력과 강인함으로 빠르게 다시 일어선다. 고정관념에서 벗어나 생각할 줄 알기에 문제를 창의적으로 해결하는데 이는 자녀를 대하는 데 매우 필요한 기술이기도 하다. 갈등과 의견 충돌이 종종 일어나지만 대개 갈등을 해결하고 절충점을 찾는다. 용서하고 실수를 통해 배우는 일도 많다. 긴 시간이든 짧은 시간이든 원한이나 비통함이 존재하는 일은 거의 없다. 그러나 이들에게도 부정적인 감정이 오래 남을 수 있는데 주로 자녀를 출산한 첫 해에 그렇다. 자녀를 낳은 첫 해는 다사다난하고 감당하기 힘들며 녹초가 되는 데다가 변화가 심하다. 이 시기에 부부는 어려움을 겪을 가능성이 높다. 그러나 이 시기는 잠깐이고 장기적으로 부부는 큰 문제 없이 원래의 관계를 회복한다.

앤과 미치의 예를 살펴보자. 이들은 두 살 난 아들을 뇌동맥류로 잃는 비극적인 일을 겪었다. 이런 경험은 인간이 겪을 수 있는 일 중 가장 고통스럽다고 할 수 있다. 앤과 미치는 서로 원망하지 않았고 슬픈 와중에도 힘이 되어 주었다. 한 사람이 기분을 말로 표현해 털어내야 할 때 다른 한 사람은 공감하며 들었다. 그들은 아들에 관한 기억을 자주 나누었다. 아들이 떠나고 몇 년 뒤에 다시 아기를 낳았는데 이들이 태어난 딸을 무척 아꼈음은 말할 필요도 없다. 이들은 고통과 슬픔이 삶을 집어삼키게 놔두지 않고 딸과 함께 매 순간을 만끽했다. 유머와 악의 없는 가벼운 농담으로 서로를 웃게 했고 마음을 이었다. 이들은 진심으로 파트너와 가족을 우선시했다.

성숙한 커플은 어떤 어려움도 헤쳐 나갈 수 있다. 이들은 공감할 줄 알고 서로를 향해 인정을 베풀며 관계 안에서 책임지기 때문이다.

끌리는 사람과
썸을 타고 있다면

    당신이 성숙한 사람이고 현재 교제 중이라면 조심해야 한다. 미성숙한 사람과 성숙한 사람은 자연스레 서로 끌리며 이미 설명했듯이 이런 관계가 항상 건강하고 오래가지는 않는다.

    그렇다면 미성숙한 사람과 성숙한 사람은 왜 서로 끌릴까? 성숙한 사람은 자신의 단점을 지나칠 정도로 인식하므로, 단점이 전혀 없는 듯이 행동하는 사람 옆에 있으면 때로 안도감을 느끼기 때문이다. 미성숙한 사람은 자기애가 심하고 자만심이 강한데 이런 점이 처음에는 자신감으로 비친다. 미성숙한 사람은 허세를 부리기도 한다. 반면 성숙한 사람은 겸손하고 자신을 내세우지 않는다. 이들은 자신을 엄격하게 평가하기 때문에 다른 사람의 생각에 신경을 덜 쓰는 미성숙한 사람의 능력을 대단하게 여긴다. 그러나 이는 미성숙한 사람이 정말 자신감에 넘치기 때문이 아니다. 미성숙한 사람은 자신이 여느 사람들보다 우월하다고 믿기 때문이다.

미성숙한 사람은 속임수에도 능하다. 따라서 교제 초기에는 성숙한 사람에게 좋은 인상을 주기 위해 기분 좋고 매력적으로 행동한다. 그러나 상대방이 걸려들었다고 생각한 순간 이들의 본성은 추악한 고개를 내민다. 구애하는 동안 미성숙한 사람은 성숙한 사람을 지원 체계에서 서서히 교묘하게 떼어놓는다. 그리고 교제가 시작되면 성숙한 사람이 가진 여러 자원, 특히 금전 자원에 대한 부담을 자기 쪽으로 끌어오는 경우가 많다. 그러면 자기 소유의 자원에 의존하지 않게 된 성숙한 사람은 미성숙한 상대에게 의존한다고 믿게 된다.

또한 미성숙한 사람은 교제하는 동안 지키지 못할 약속을 하고 성숙한 사람이 자신에게 의존하기 시작하면 마음을 바꾼다. 예컨대 미성숙한 사람은 자녀를 낳고 싶다고 말했더라도 결혼 후에 이 약속을 깰 수 있다. 미성숙한 사람은 교제하는 동안 연민을 가장한 계산된 행동을 할 수도 있다. 성숙한 사람에게 '마음씨 착하다'라는 확신을 주기 위해서다. 이처럼 미성숙한 사람은 성숙한 사람을 조종하고 지배하려는 과정에서 속임수를 감추기 위해 친절한 행동을 간간이 보여준다. 이러한 전략 때문에 사람을 신뢰하고 너그러우며 친절한 행동에 고마워하는 성숙한 사람은 혼란스러워진다.

성숙한 사람이 파트너의 정서적 성숙도를 알아보는 방법 중 하나는 공감 능력 테스트다. 다시 말하지만 미성숙한 사람은 연민과 응원을 가장한 언행을 쉽게 할 수 있다. 그러나 부부나 연인 관계에서 이들이 스스로 책임을 짊어질 가능성은 낮으므로 시험해보라.

파트너 때문에 감정이 상했던 일을 찬찬히 설명한 다음 어떤 반응을 보이는지 살펴보자. 당신의 감정을 이해하고 마음 상하게 한 일을 사과한다면 그것이 진심이든 아니든 다행스러운 일이다. 그러나 당신의 감정이 잘못된 이유를 들먹이며 상처받을 필요가 없다고 끊임없이 항변한다면 두 사람 관계가 건강한지 계속 확인해볼 필요가 있다. 당신이 감정적이고 비이성적이고 과민하기 때문이라고 비난하거나 문제를 이야기했을 때 화를 낸다면 미성숙한 사람일 가능성이 높다.

벤과 여자친구 줄리의 예를 살펴보자. 이들은 둘 다 테니스를 좋아하지만 줄리는 포핸드가 잘 안 되어 애를 먹고 있었다. 그녀는 낙담한 채 경기를 하며 몇 포인트라도 따내려고 고군분투했다. 그러나 마지막 몇 게임을 남겨두고 포핸드 문제가 해결되기 시작했고 그 덕분에 몇 게임을 따냈다. 경기가 끝날 때가 되자 벤은 줄리의 공이 코트 안쪽에 떨어졌는데도 밖으로 나갔다고 우겼다. 줄리는 짜증이 났지만 다시 포핸드를 제대로 할 수 있게 되어 기뻤기 때문에 계속 열심히 했고 결국 경기에서 이겼다. 벤은 화난 표정으로 벤치로 가더니 벤치 아래로 굴러간 테니스공을 주워 코트 뒤쪽 울타리 너머로 거칠게 내던졌다. 줄리는 충격을 받았다. 줄리의 눈에는 벤이 그녀에게 져서 화난 나머지 발끈해서 공을 집어던진 것으로 보였다.

줄리는 벤에게 왜 그랬는지 따져 물었다. 벤은 헛기침을 하고 우물쭈물하며 공 상태가 안 좋아서 치우고 싶었다고 했다. 그러나 줄리에게는 제대로 된 해명으로 들리지 않았다. 벤이 그녀에게 져서 성질을 부린 게 아니라면 굳이 경기에 진 직후에 화난 듯이 울타리 너머로 공을 집어던질 이유가 없지 않은가?

그러나 벤은 이 사실을 인정하지 않았다. 그는 이렇게 생각하는 줄리를 이상한 사람 취급했고 괜한 싸움을 만든다고 그녀를 비난했다. 벤이 경기에 지고 화가 나서 공을 던진 게 아니라고 고집하자 줄리는 코트에서 나가 공을 찾아냈다. 멀쩡한 새 공이었다. 그녀는 벤에게 가서 공을 건넸다. 그런데도 벤은 자신이 미성숙하고 못나게 화를 표출한 데에 대한 책임을 지지 않으려 했다. 그가 자신의 행동을 인정하지 않고 줄리가 사건을 '상상해서' 갈등을 초래했다고 탓하자 그녀는 점점 화가 났다.

사소한 일처럼 보이는 이 이야기에는 심각한 문제가 있다. 관계 안에서 발생한 행동에 대해 벤이 계속 책임을 회피했다는 것이다. 줄리는 벤이 자기 행동이 잘못되었다고 인정하지 않고 책임을 회피하는 동시에 줄리가 잘못했다고 비난하기 위해 상황을 왜곡하는 경우를 몇 번 더 겪었다. 줄리가 화를 내자 벤은 그녀가 화낸 것을 들먹이며 '통제 불능'이라고 했다.

　이런 경험이 쌓여 생기는 균열은 심각하다. 갈등이 좀처럼 해결되지 않고 신뢰가 회복되지 않기 때문이다. 이뿐만 아니라 교제하는 동안 줄리는 화나고 상처받지만 벤은 자신의 잘못을 스스로 변명하며 아무렇지 않게 잊어버린다. 이런 관계에서는 나날이 정서적 친밀감이 사라지고 정서적 거리감이 커진다.

몸과 마음을 총동원하여 사랑하기

자신을 무례하게 대하는 사람과 성관계를 하고 싶어하는 사람은 없다. 사실 당신과 당신의 감정을 지속적으로 존중하지 않는 사람을 좋아하기는 힘들다. 분노, 불신, 분함이 나날이 커진다. 이로써 왜 그렇게 많은 사람들이 성적 욕구를 느끼지 못하는지 알 수 있다. 이는 의학적인 문제가 아닌 경우가 많다. 성적 욕구를 느끼지 못하는 사람들은 이기적이고 미성숙해서 만날 가치가 없고 친밀한 관계를 맺을 자격이 없는 사람들과 얽혔을 뿐이다.

그러나 서로 배려하고 신뢰하고 친밀한 관계라면 만족스러운 성생활을 영위할 가능성이 매우 높아진다. 왜 그럴까? 사랑이란 그런 것이기 때문이다. 사랑은 정서적이고 육체적이다. 좋든 싫든 마음과 몸은 연결되어 있다. 따라서 파트너와 성관계를 하겠다는 마음을 닫아야 한다면 끔찍한 기분이 든다. 우리 마음이 파트너를 사랑하면 몸이 따라가는 것은 어렵지 않다. 육체적인 친밀감에 몸과 마음 모두 동원된다면 성취감을 느끼고 만족스러우며 즐겁다.

관계에서 성관계가 의무가 되면 제 기능을 하지 못한다. 예컨대 한쪽이 자기 권리인 양 성관계를 요구하면 파트너는 물건이 된 듯한 기분을 느낀다. 다른 누군가가 내 몸의 일부를 소유하고 원할 때 내 몸을 조종할 권리가 그 사람에게 있는 듯한 기분이 든다. 또한 자신이 파트너의 만족을 위한 도구로 느껴지며 쓰고 난 콘돔처럼 성관계 이후에 버려질 것만 같은 기분을 느낀다.

이뿐만 아니라 관계에서 어느 한쪽이 원하는 것을 얻기 위해 성관계를 이용한다면 그 사람은 피상적인 욕구를 채우기 위해 자신을 물건으로 취급하는 셈이다. 이런 사람들은 관계 안에서 진심으로 교감하지 않기 때문에 파트너는 이용당했다는 기분을 느끼기도 한다. 성관계가 사업 거래가 되어서도 안 된다. 성관계는 기뻐야 한다. 죽은 기분이 아닌 살아 있는 기분을 느껴야 한다. 그렇지 않다면 관계에 정서적 친밀감이 충분하지 않을지도 모른다.

성관계와 사랑에 관해 마지막으로 하고 싶은 말은 미성숙한 파트너는 극도로 이기적인 경우가 많다는 것이다. 이들은 자기 만족을 위해 시간과 노력을 들인다. 파트너를 위해 노력하고 파트너를 기쁘게 하려고 애쓰기도 하는데 이는 대부분 파트너에게 도움이 될 것이라고 독단적으로 판단한 일을 하는 경우다.

이들은 파트너가 진정 원하는 것에 귀를 기울이지 못한다. 다시 말하지만 이들은 자기 생각만 헤아린다. 침실에서만이 아니라 관계 전반에서 그렇다. 미성숙한 사람은 파트너가 정말 좋아하는 것에 귀 기울이기보다는 파트너가 반드시 좋아해야 한다고 생각한 것을 선물한다. 깜짝 이벤트, 데이트, 영화 고르기, 휴가 계획 짜기를 할 때도 같은 일이 벌어진다. 미성숙한 사람은 파트너가 정말 좋아하는 것을 이해하는 것이 아니라 파트너가 좋아해야 한다고 자신이 생각하는 것을 계속 계획한다.

7장

관계를 꼭 끝내야 한다면
:
마음 다치지 않고
관계 정리하기

관계를 유지하기가
버거운 당신에게

　'관계에는 노력이 필요하다'라는 말이 꼭 옳은 것은 아니다. 관계를 유지하기 위해 노력을 해야 하는 것은 확실하지만 필요한 노력의 정도가 그 관계에서 얻는 만족감을 초과해서는 안 된다. 통념과 달리 관계는 과업이 아니다. 배려, 사랑, 즐거움, 협동을 불러오는 삶의 한 영역이어야 한다. 관계가 과업으로 느껴지면 부담스럽고 소모적이며 이런 관계는 제 기능을 못할 수 있다. 다시 말해 어느 한쪽이 정서적으로 무력해질 수 있다.

　관계를 기쁨이 아닌 과업으로 느낄 때 나타나는 몇 가지 징후가 있다. 첫 번째는 관계 내의 업무량 불균형이다. 예를 들어보자. 계획 짜기와 일정 조율, 함께 꾸린 가정에 대한 책임, 자녀양육, 책임을 다하기 위해 과거에 즐기던 일을 포기하는 것 등 관계와 관련된 일이 어느 한 사람에게 몰리는 것이 업무량 불균형이다. 이 경우 다른 한 사람은 관계에도 파트너에게도 신경 쓰지 않고 하고 싶은 일을 하며 여유 있게 시간을 보내는 경우가 많다. 따라서 한 사람이 훨씬 열심히 노력하며 관계에 시간과 에너지를 더 많이 쏟아붓는 반면 파트너는 아무것도 신경 쓰거나 걱정하지 않고 어려움을 쉽게 빠져나간다. 당연히 이는 위험 신호다.

이 상황에서 관계와 관련된 일을 도맡은 사람이 지치고 의욕을 잃어 파트너에게 심정을 털어놓으면 곤란한 일이 발생한다. 앞서 언급했듯이 성숙한 사람은 사려 깊고 이타적이므로 커플의 관계와 관련된 일을 주로 맡는다. 그 일을 감당하기 힘들어져서 미성숙한 파트너에게 감정을 솔직히 털어놓으면 미성숙한 파트너는 앙갚음하려는 태도를 보일 것이다. 이것이 바로 관계가 기쁨이 아닌 과업으로 느껴지는 두 번째 징후다. 미성숙한 사람은 파트너가 그렇게 느꼈다는 데에 분개하고 모욕감을 느끼며 자신이 파트너를 위해서 한 모든 일을 강조한다. 또한 자신의 시간을 요구하고 관계에 책임을 다하라고 잔소리하는 파트너를 비난한다. 그럼 대개 성숙한 사람은 뒤틀린 관계가 자기 잘못이라고 생각하며 자신을 탓한다.

미카와 래리 부부를 살펴보자. 결혼한 지 몇 년이 지난 뒤 미카는 자신이 집안일 대부분을 혼자 하고 있다는 것을 문득 깨달았다. 남편이 집안일 몇 가지를 맡기로 했지만 한 번도 한 적이 없었다. 그러나 미카가 이 얘기를 꺼내자 남편은 소리를 지르며 왜 잔소리를 하느냐고, 강박장애가 있는 것 아니냐고 미카를 비난했다. 상처받은 미카는 다시 요구하지 않았다. 얼마 후 집안일을 감당할 수 없게 된 그녀는 래리에게 다시 한 번 도움을 청했다. 그는 격분했다. 자신은 직장에서 일을 더 많이 하므로 집안일은 모두 그녀가 해야 한다는 것이었다. 그러면서 그는 '난 그저 당신을 위해 돈을 벌려고 열심히 일했을 뿐'이라고 했다. 미카는 온종일 치과대학에서 공부하고 가장인 래리의 짐을 덜어주기 위해 파트타임으로 일하고 있는데도 래리는 미카가 집안일을 하는 것으로 보상해야 한다고 생각했다.

이뿐만 아니라 미성숙한 사람은 관계에 점수를 매긴다. 이들의 머릿속에는 언제나 점수 기입 용지가 있다. 성숙한 사람도 한동안 관계를 지속하다가 지치면 간혹 점수를 매기기도 하는데 이와 달리 미성숙한 사람의 점수 매기기는 성격에서 비롯된 행동이다. 이들은 상대방에게 어떤 일을 해주면 보답을 바라는 것이 당연하다고 생각하며 계속 이 생각에 따라 움직인다. 자기중심적인 성격 구조 때문에 이들은 다른 사람을 위해서 한 모든 일을 부담이라고 생각하고 그 호의를 돌려받기를 기대한다. 때로는 인정 많아 보이기도 하지만 적당한 때에 호의가 돌아오지 않으면 화를 내고 짜증을 낸다. 또한 이들은 다른 사람을 위해 이타적인 일을 하면 뽐내기를 좋아한다. 그래서 기회가 있을 때마다 자신이 한 일을 과시한다.

미성숙한 사람이 관계에 점수를 매기고 자신이 얼마나 기여했는지 끊임없이 강조하기 때문에 정서적으로 여유 있는 파트너에게는 두 가지 선택권이 주어진다. 하나는 대등한 입장을 고수하며 자신을 지키는 것이고, 다른 하나는 미성숙한 사람이 원하는 대로 자신이 관계에서 약자라고 믿는 것이다. 불행히도 자신을 지키는 쪽을 택하면 보복성 싸움이 뒤따를 테고 그 끝은 좋지 않을 것이다. 정서적으로 여유 있는 파트너는 실제 벌어지고 있는 상황과는 정반대로 이 관계에서 이기적인 사람이 자신이라고 생각하기 시작한다.

이러한 갈등은 정서적으로 여유 있는 사람이 벽에 머리를 부딪치는 듯 막막한 기분을 느끼는 것으로 끝나는 경우가 많다. 바로 이것이 관계가 기쁨이 아닌 과업이 되어 버린 세 번째 징후다. 이는 미성숙한 사람이 파트너의 관점을 이해하지 못해 생긴 결과다. 이들은 자기 관점과 자기 의견만 고집하며 그에 따라서만 움직인다. 성숙한 파트너는 자신의 의견을 설명하려고 다양한 방법으로 여러 번 시도하겠지만 상대방의 귀에 들어가지 않는다. 미성숙한 사람은 관계 밖에서 다른 사람들에게는 파트너의 의견을 옹호하고 지지하기도 하지만 관계 안에서는 자신과 다른 의견을 받아들이지 못한다.

반면 성숙한 사람은 파트너의 방어적인 태도 때문에 처음에는 그의 의견을 이해하지 않으려 할지 모르지만 결국에는 마음이 누그러져 파트너의 입장이 자신과 다를지라도 이해하려고 노력한다. 이들이 파트너의 견해를 파악해 타협할 때까지는 그리 오랜 시간이 걸리지 않는다.

엠마와 댄의 경우를 살펴보자. 토요일 저녁 두 사람은 데이트 중이었고 엠마는 헤어지기 전에 즉흥적으로 댄을 집으로 초대했다. 댄은 좋다고 했지만 몇 분 뒤 엠마에게서 아이들이 집에 왔다는 문자메시지를 받았다. 댄은 어떻게 해야 할지 몰라서 친구 몇몇과 모여 있던 레스토랑에 계속 남아 있었다. 잠시 후 그는 엠마에게 어떻게 할지 물었다. 엠마는 아이들을 챙기느라 바빠서 정신이 없었지만 댄이 집에 오기를 원했기에 그에게 결정권을 주었다. 얼마간의 시간이 지난 뒤 엠마는 댄에게 어떻게 하기로 했는지 물었다. 댄은 시간이 너무 늦어서 집에 가겠다고 했다. 엠마는 상처받고 실망했다. 다음 날 그녀는 댄에게 그가 오지 않아서 상처받았다고 했다. 두 사람은 일정이 안 맞아서 한동안 볼 수 없는 상황이었다. 댄은 사과하면서 정말 가고 싶었지만 술을 몇 잔 마셔서 운전할 수 없었다고 설명했다. 엠마는 상처받고 실망했지만 댄의 판단이 옳았다고 생각했다. 그는 시내 반대편에 살았고 음주운전은 위험했다. 그리고 헤어지기 직전에 어정쩡하게 그를 초대했기 때문에 댄이 친구들과 함께 레스토랑에 남은 것이 아닐까 생각했다. 엠마의 연락을 기다려야 했으니까.

　미성숙한 사람에게 이와 같은 상황이 닥치면 이야기는 달라진다. 엠마의 성격 구조가 미성숙하다고 가정해보자. 그녀는 댄의 입장을 헤아리지 못했을 것이다. 계속 상처받고 화난 채 댄이 이기적이었다고 탓할 것이다. 친구를 더 중요시했다고 그를 비난했을 가능성도 크다. 댄의 입장에서 생각할 수 없는 엠마는 이 일로 그를 비난했을 것이며 계속 화가 난 채 자신이 옳다고 믿을 것이다. 댄이 사과하면서 가기 싫어서 그랬던 것이 아니라 안전하지 않아서였다고 입장을 설명해 엠마의 이해를 도왔다고 해도 그녀는 댄의 관점을 이해하지 못하고 그가 이기적이고 친구를 더 중요하게 생각한다는 말만 되풀이할 것이다. 엠마는 전날 밤 댄의 입장에 대해 생각할 만큼 마음이 열려 있지 않으므로 댄이 계속 설명해봤자 엠마의 귀에 들어가지 않을 것이다. 다투는 동안 갈등 상황을 해결하기 위한 이해, 타협, 함께 하는 노력이 없기 때문에 댄은 벽에 머리를 부딪치는 기분을 느낄 것이다.

댄의 성격 구조가 미성숙한 경우에도 다툼은 해결의 여지가 거의 없고 마찬가지로 벽에 머리를 부딪치는 기분을 느끼는 상황이 생길 것이다. 전날 밤에 그가 오지 않아서 상처받았다고 엠마가 알리면 댄은 그녀가 헤어지기 직전에 급히 초대했고 아이들이 집에 왔다는 이유로 계획을 엉망으로 만들었으며 말을 어정쩡하게 했다고 비난할 것이다. 그러면서 엠마에게 계획을 세우고 의사소통하는 능력이 형편없다고 하며 다음에 초대할 때는 명확하게 하라고 말할 것이다. 자신은 마음의 소리를 들을 수 있는 사람이 아니라면서. 엠마가 아이들이 집에 오는지 몰랐고 댄과 아이들 둘 다 즐겁게 해줄 자신이 없었기 때문에 꼭 와 달라고 직접적으로 말할 수는 없었지만 그가 와 주기를 바랐다고 거듭 설명해도 댄은 그 설명을 무시하고 자기 할 말만 되풀이할 것이다. 그러면 엠마는 그 전보다 기분이 더 안 좋아질 테고 그녀의 의견은 아예 창밖으로 내던져질 것이다.

본질적으로 관계는 과업으로 느껴져서는 안 된다. 물론 배우자가 아프거나 다쳤을 때처럼 커플이 나눠야 할 책임을 한 사람이 대부분 짊어져야 하는 경우도 있다. 그러나 일상에서는 두 사람 모두 둘로 구성된 팀의 일원이라고 느껴야 한다. 그리고 그 팀에서는 지나치게 떠넘기거나 계산하거나 애쓰거나 싸우지 않고 일을 처리해야 한다. 자신이 파트너를 위해 무엇을 했는지 끊임없이 기록하는 사람도 문제다. '내가 당신을 위해 뭘 했는지 좀 봐. 당신 나한테 빚진 거야'라는 식은 관계에 협동, 신뢰, 평등이 싹틀 기회를 없애는 미성숙한 태도다. 이런 태도는 한쪽이 자기 단점을 변명하려 하거나 파트너에게 죄책감을 느끼게 하고 싶을 때 활용된다.

성숙한 두 사람이 관계를 맺으면 자신의 견해와 다를지라도 파트너의 견해를 이해할 줄 알고 다른 사람을 위해 이타적인 행위를 하는 데에서 즐거움을 얻기 때문에 심각한 갈등 없이 나눠 가진 책임을 효과적으로 처리한다. 물론 일상적인 일을 하는 데 있어 가벼운 불만은 늘 있기 마련이다. 건강한 커플은 이런 일에 대해 악의 없는 가벼운 농담을 매우 자연스럽게 주고받는다.

다음과 같은 역학 관계가 발생할 때 관계는 제 기능을 하지 못한다. 업무가 명백하게 불균형하거나, 한 사람이 앙갚음하려는 태도를 취하거나, 파트너와 반대되는 자신의 의견이나 관점이 받아들여지지 않아 어느 한쪽이 벽에 머리를 부딪치는 기분을 느낄 때다. 이 경우 파트너가 미성숙한 사람인지 심사숙고해보는 일이 중요하며 만약 그렇다면 상담을 통해 도움을 받을 수 있다.

이어가는 것만이
정답은 아니다

지금까지 성숙한 사람과 미성숙한 사람에 대해 살펴보았고 각각의 구체적인 예도 알아보았다. 그렇다면 미성숙한 사람과 관계를 맺게 되었을 때 어떻게 해야 할까? 한 가지 분명한 점은, 관계를 끝내는 것을 생각해보아야 한다는 것이다. 그러나 미성숙한 사람과 결혼했거나, 자녀가 있거나, 둘 다 해당한다면? 이 경우 답은 훨씬 복잡하며 더 신중하고 주의 깊게 판단해야 한다.

가장 먼저 파악해야 하는 것은 파트너의 정서 발달이 멈춘 정도가 얼마나 심각한지다. 두 번째는 파트너가 나에게 병적일 정도로 투사하는지다.

먼저 첫 번째 경우를 알아보자. 당신의 파트너는 미성숙한 사람일지언정 관계에서 정서적 친밀감을 쌓는 방법을 배울 수 있을지도 모른다. 사실 서구 문화권에서는 사회화 과정에서 파트너와 정서적으로 친밀해지는 방법을 알려주지 않기 때문에 이에 대한 구체적인 지식이 거의 없는 사람들이 많다. 그러나 친밀감을 쌓는 방법을 알게 되고 관계 안에서 정서적 친밀감을 경험하고 실행할 기회가 생기면 성장하고 발전할 수도 있다.

이처럼 마음이 열린 태도는 미성숙한 사람일지라도 정서적으로 친밀해질 수 있는 긍정적인 신호다. 이를 빠르게 알아볼 수 있는 방법은 두 사람 관계의 단점을 함께 논의하고 이 책을 읽도록 권하는 것이다. 파트너가 책을 읽겠다고 말만 하는 것이 아니라 실제로 읽는다면 조짐이 매우 좋다.

이 책을 읽고 그들이 무언가를 느끼고 그에 대해 말할 수 있다면 또 다른 청신호다. 열린 마음은 성숙한 사람의 특징이다. 또한 기꺼이 자신을 돌아보는 것, 즉 성찰 역시 성숙한 사람의 특징이다.

끝으로 파트너가 이 책을 읽고 자기 성향에 어느 정도 책임지려 한다면 그대로 있어도 좋다! 관계를 끝내지 말고 그대로 머물러야 한다. 이 경우 파트너에게는 코치가 좀 필요할 뿐이다. 상담, 정신과 치료, 또 다른 책 무엇이든 더 효과적인 방법이 있다면 활용하는 것도 매우 좋다.

병적으로 투사하는가

파트너가 약간 미성숙한지 병적으로 미성숙한지 파악하는 또 다른 중요한 요소는 병적으로 투사하는지 알아보는 것이다. 미성숙한 많은 사람들이 투사적 동일시^{projective identifica-tion}◆라는 방어기제를 사용한다. 안타깝게도 극도로 심한 투사적 동일시는 병적이며 건강하지 못하다. 투사의 대상이 파

◆ 스스로 감당하지 못하는 자신의 어떤 속성을 다른 사람에게서 끌어내어 그 사람을 조종함으로써 자신의 충동을 억제하려는 시도-옮긴이

트너일 경우 특히 그렇다. 부정적인 투사를 수용하는 대상인 파트너는 이미 자신을 탓하도록 조종당했기 때문에 자신이 희생양이 되고 있다는 사실을 인지하지 못한다. 투사적 동일시는 무의식중에 서서히 퍼지는 방어기제며 엄청난 피해를 초래한다.

다시 말해 관계 당사자 둘 다 교묘하게 조종하고 조종당한다는 사실을 모른다. 미성숙한 사람은 내적 불안 때문에 스스로 이유를 모른 채 어떤 행동을 한다. 관계에서 자동으로 조종당하는 것이다. 이들은 자신이 불안하다는 사실조차 인식하지 못한다. 자신의 불안을 무의식중에 곧장 파트너에게 내던지기 때문이다. 이들은 파트너에게 모든 책임을 돌리고 파트너를 탓하는 것으로 자기 책임을 회피하기 때문에 자신에게는 아무런 잘못이 없다고 진심으로 믿는다. 너무 굳게 믿은 나머지 이 믿음을 지키기 위해 사실을 왜곡하기도 한다. 이렇게 왜곡된 현실 인식은 매우 위험하다. 실제로 일어난 일과 맞아떨어지는 것이 없기 때문이다.

이처럼 변형된 현실 인식 때문에 미성숙한 사람과 성숙한 사람은 무슨 일이 있었는지를 두고 싸우며 많은 경우 성숙한 사람이 자기 자신과 자신의 현실 인식을 의심하기 시작한다. 이뿐만 아니라 미성숙한 사람은 책임을 회피하기 위해 자신의 행동을 축소하며 파트너가 지나치게 예민해서 일을 침소봉대한다고 우긴다.

투사를 행하는 사람은 미성숙하기에 자아가 매우 약하다. 극도로 불안한 이들은 자기애, 허영, 과장된 자만심으로 그 불안을 채운다. 이들의 자아 인식은 매우 약하고 손상되기 쉽기에 이들은 투사적 동일시라는 방어기제를 사용해 스스로 안정감을 느끼도록 한다. 자신의 부정적인 속성을 견딜 수 없는 이들은 그 부정적인 속성을 다른 누군가에게 투사한다. 그런 다음 그 사람에게서 부정적인 속성을 보며 자신에게 그 사람을 통제하고 지배하고 질책할 권리가 있다고 생각한다. 이 개념은 복잡하므로 이 정도로 설명해 두자. 이 과정의 첫 단계가 투사다.

나의 내담자였던 십대 청소년의 사례를 통해 심리학에서 말하는 방어기제인 투사를 명확히 알 수 있다. 이브는 학구적인 성향을 타고나 몇 가지 특별 활동에서 두각을 나타냈고 매우 친절했으며 인정도 많아 성숙했다. 남자친구와 일 년 반

동안 교제한 이브는 심사숙고 끝에 성관계를 하기로 마음먹었다. 그녀의 마음을 눈치챈 친구 하나가 이브의 사물함으로 다가와 옆에 서더니 이렇게 말했다.

"조심하는 게 좋을 거야. 하룻밤 지내고 나면 넌 임신해서 혼자 남겨질걸. 성관계를 하고 나면 남자가 떠날 테니까!"

이브는 어리둥절해서 아무 말도 할 수 없었다. 어떤 반응을 보여야 할지 몰랐고 친구는 자기 할 말만 하고 여봐란듯이 가버렸기 때문이다. 이브는 친구의 말을 머릿속에서 지워버리고 남은 하루를 그럭저럭 보냈지만 마음이 계속 불편했다. 그녀는 자신의 결정과 남자친구의 변함없는 모습을 다시 생각해보았다. 상담받으러 와서 이런 상황을 이야기할 때 이브는 '별일 아니다'라고 했지만 그 일에 영향을 받은 것이 분명했다. 이브는 이 일을 털어놓고 나서야 안심했고 남자친구와의 관계에 대한 자신감도 회복했다.

3주 후에 다시 상담받으러 온 이브는 자기 친구가 하룻밤을 보낸 뒤에 임신했다는 사실을 밝혔다. 그 친구는 파티에서 술에 취해 잘 모르는 사람과 성관계를 했다. 이브는 요전에 친구가 했던 명백한 투사 때문에 큰 충격을 받았다. 친구는 몹시 불안했고 이브를 질투하고 있었기에 자신의 불안을 이브에게 투사해 이브를 불안하게 하고 자신의 기분을 좋게 한 것이다. 그러나 이브는 계속 친구 관계를 유지하며 그 친구를 응원할 수 있었다. 친구가 한 가슴을 찌르고 모멸감을 주는 말은 사실 이브가 아니라 자신에게 하고 싶은 말이라는 것을 깨달았기 때문이다.

상대방이 병적으로 투사한다는 것을 알 수 있는 신호

- 비꼬는 말을 자주 한다.
- 당신의 생각, 의견, 관심사를 자주 깎아내린다.
- 당신에게 명령하고 요구하는 말투로 말한다.
- 당신이 하는 말에 공감하지 못한다.
- 항상은 아니지만 대부분 자신이 옳다고 생각한다.
- 모든 일을 자기 방식대로만 처리해야 한다고 생각한다.
- 당신 때문에 피해를 입은 듯 행동하며 힘든 체한다.
- 당신이 좋아하거나 하고 싶어 하는 일을 대부분 함께 하지 않는다.
- 당신을 무시한다.
- 자녀 앞에서 당신을 깎아내리고 당신에게 모멸감을 준다.
- 당신 가족과 친구들에게서 당신을 떼어놓는다.
- 당신에게 욕을 한다.
- 사람들 앞에서 당신에게 창피를 준다.
- 당신을 화나게 하고 괴롭힌다.
- 당신을 감정적이고 지나치게 예민한 사람이라고 하거나 당신이 상황을 잘못 이해하고 머릿속에서 마음대로 만들어냈다는 식으로 말한다.

화학 시간에 일어난 이브와 친구 사이의 일을 하나 더 살펴보자. 이브는 학교 행사에 참여하느라 수업 도중에 불려 나갔다. 수업 도중에 나가는 그녀에게 친구는 이렇게 말했다.

"이렇게 중간에 나가면 시험에서 C를 받을 각오를 해야 할 거야!"

이번에도 이브는 어깨를 으쓱하며 그 말을 털어낼 수 있었지만 마음이 계속 불편했다. 행사 내내 이브의 머릿속에는 불안이 가득했고 그 바람에 제대로 즐기지 못했다. 시험 때가 되었고 C를 받은 사람은 이브의 친구였다. 이브는 A를 받았다.

이브와 친구 사이의 우정은 친밀한 우정이 아니라 가벼운 우정이기 때문에 투사가 이브의 자존감에 영향을 주기는 하지만 잠깐일 뿐 장기적으로 악영향을 끼치지는 않는다. 그러나 부부나 연인 관계에서 유해한 투사가 지속적으로 발생하면 그야말로 독이다. 투사를 당하는 사람은 불안해지고 수치스러움을 느끼며 자신에 대한 의심으로 가득 차게 된다. 이는 방어기제 중 '동일시'에 해당한다.

그러나 투사를 당한 사람은 이를 깨닫지 못한 채 투사하는 사람이 전달한 불안을 고스란히 간직한다. 따라서 투사 당한 사람은 자신이 무능력하고 무가치하다고 느낀다. 많은 경우에 이들은 스스로 이 상황을 해결할 수 있다고 생각하지 않기 때문에 투사한 사람이 자기 곁에 있어서 다행이라고 여긴다. 이뿐만 아니라 간혹 이들은 자신을 탓하는데 몰두한 나머지 부당한 대우를 당해도 마땅하다고 생각하여 부당한 대우를 용인한다. 이러한 방어기제는 많이 배우고 똑똑하고 성공한 것과 상관없이 사람을 가리지 않고 모두 쉽게 옭아맨다. 심지어 심리상담사도 당할 수 있다. 매우 교묘하고 은밀하며 뭐라고 꼬집어 말할 수 없기 때문이다.

투사가 보편적인 방어기제이지만 투사의 내용이 얼마나 부정적인지와 투사를 행하는 사람이 안정감을 느끼고 심리적 균형을 유지하기 위해 투사하려는 욕구가 얼마나 강한지에 따라 '일반적 투사'와 '병적 투사'로 나뉜다. 병적 투사는 투사하는 사람의 마음 깊이 뿌리 내린 기질적인 방어기제다. 병적 투사가 위험한 이유는 투사 당하는 사람의 자존감과 정체성을 빼앗기 때문이며 이 경우 관계는 성숙한 파트너에게 해를 끼친다.

요컨대 파트너의 정서적 미성숙 정도가 미약하고 단지 관계에서 정서적 친밀감을 유지하는 방법을 모를 뿐이라면 희망이 있다. 단 파트너가 자신의 미성숙을 인정하고 방법을 배우기 위해 시간과 노력을 투자해야 한다. 파트너의 정서적 미성숙 정도가 심각하고 투사적 동일시를 한다면 관계를 끝내는 것을 심각하게 고려해야 한다.

자녀의 마음을 배려하는
관계 정리법

그런데 자녀가 있다면 어떻게 해야 할까? 우리 문화에는 자녀를 위해서라도 가족이 함께 모여 지내는 것이 더 좋다는 근거 없는 믿음이 퍼져 있다. 이는 사실과 전혀 다르다. 부모가 미성숙하면 자녀는 괴롭다. 아이는 부모에게 공감받지 못하며 뭐든 일이 잘못되기만 하면 비난받기 일쑤다. 이상화 idealization◆를 하거나 버릇없이 자라기도 한다. 이 중 자녀에게 도움이 되는 경험은 하나도 없다. 또한 미성숙한 부모는

~~~ 어떤 대상에게 이상적인 모습을 투영하고 그 대상과 심리적으로 융합하여 내면의 불안을 없애려는 시도-옮긴이

통제하고 요구하고 비판하는 경우가 많은데 그러면 자녀는 낙담하고 고통스러워하며 불안해한다. 이때 아이들은 걱정거리를 떠안은 채 홀로 남겨지는 경우가 많다. 미성숙한 부모는 자신의 감정에만 몰두한 나머지 자녀의 감정을 이해할 수 없기 때문이다.

이뿐만 아니라 미성숙한 부모는 자신의 자아를 달래는 데 자녀를 이용한다. 자녀 덕분에 자신이 돋보이면 자녀를 인정하지만 자녀 때문에 자신의 호감이 떨어지면 자녀를 비난하고 정서적으로 유기한다. 이는 자녀뿐만 아니라 파트너에게도 매우 파괴적이고 모욕적인 방식이다.

부모가 미성숙할 때 관계 내에서 또 다른 문제가 생길 수 있는데 이는 미성숙한 사람들에게 천성적으로 심한 질투 때문이다. 심하지 않은 질투는 평범하고 일반적이지만 미성숙한 사람의 질투는 극심하고 악의적이다. 다른 사람을 향한 이들의 질투는 마음 깊은 곳에 뿌리내리고 매우 심하기 때문에 이들은 질투의 대상을 고의적으로 방해하기까지 한다. 이는 자녀를 함께 기르는 파트너가 성숙할 때 문제가 된다.

성숙한 파트너는 자녀와 깊은 친밀감을 느끼며 자녀에게서 매우 큰 기쁨을 얻을 가능성이 높다. 당연히 미성숙한 부모는 자녀와의 이런 관계에 질투를 느끼고 그 관계를 무너뜨리고 방해하려고 한다. 미성숙한 부모는 자녀들에게 성숙한 부모를 몰래 험담하는데 이때 성숙한 부모에 대한 진실을 왜곡하거나 사실이 아닌 이야기를 하는 경우가 많다. 또한 미성숙한 부모는 자녀를 자기편으로 만들고 성숙한 부모와 등지게 만들려고 수시로 애쓴다. 미성숙한 부모는 자녀와 함께 있을 때 성숙한 부모의 상사라도 되는 양 행동하며 우월하고 지배하는 역할을 하려 한다.

끝으로 빼놓을 수 없는 중요한 점은 미성숙한 부모는 언제나 자신을 좋은 사람, 성숙한 부모를 나쁜 사람의 틀에 끼워넣는다는 점이다. 물론 가끔은 미성숙한 부모가 성숙한 부모를 편들기도 한다. 이는 성숙한 부모가 따지고 들었을 때 미성숙한 자신에게 유리하게 상황이 언급되도록 하기 위해서다.

이러한 전략은 별거나 이혼을 하게 되면 극도로 심해진다. 성숙한 부모는 자녀가 최우선이라는 미성숙한 부모의 말을 절대 믿어서는 안 된다. 미성숙한 부모는 자기중심적이고 이기적이기 때문이다. 일반적으로 이혼당하는 쪽인 미성숙한 부모에게는 자신보다 자녀의 안녕을 우선할 능력이 없다. 이들은 분노에 휩싸이고 복수심에 불타 파트너는 물론이고 파트너와 자녀의 관계까지 망가뜨리려 한다. 이는 자녀에게 매우 좋지 않으므로 성숙한 부모는 양육권을 나눠 갖거나 자녀를 더 자주 만나게 해달라는 요구에 굴하지 말아야 한다.

성숙한 파트너는 자녀의 인생에서 주 양육자가 되기 위해 싸워야 한다. 성숙한 사람은 정서적으로 건강하고 자녀들이 그들에게 잘 적응할 것이기 때문이다. 이뿐만 아니라 성숙한 부모는 자녀에게 솔직해야 한다. 파트너에 대해 부정적으로 말하지 않으면서 아이들에게 이 상황을 이해시킬 방법을 찾아야 한다.

물론 미성숙한 부모는 성숙한 부모의 외부 평판까지 망가뜨리려고 애쓸 것이다. 이들은 성숙한 부모가 부모로서 부적당하다고 비난하며 진실을 왜곡해서 부부가 알고 지내던 친구들, 변호사, 판사를 비롯한 모든 사람에게 성숙한 부모에 대한 거짓말을 퍼뜨릴 것이다. 이 과정은 악몽이지만 성숙한 부모는 포기하지 말아야 한다. 자신의 입장과 존엄성을 지키며 미성숙한 부모의 고약한 언행이 역효과를 낳도록 해야 한다.

미성숙한 사람과 별거하거나 관계를 끝낼 때 반드시 기억해야 할 점은 그들이 다정하게 행동해서 관계를 유지하려고 애쓴다는 사실이다. 사람들을 조종하는 데 능하고 매력적인 경우가 많은 이들은 한동안 상대방에게 다정하게 굴 것이다. 그러면 성숙한 사람은 마음을 다잡기가 힘들다. 이런 일이 벌어지면 성숙한 사람은 관계를 정리하겠다는 자기 판단이 옳은지 자주 의문을 제기한다. 이들은 본성이 너그럽고 충실하기 때문에 미성숙한 사람에게 수없이 많은 기회를 주는 일이 흔히 벌어진다. 그러나 이런 일이 반복되면 성숙한 사람만 상처받고 부당한 대우를 받을 뿐이다.

현명하게 관계를
정리하는 요령

정서적으로 여유 있는 사람들이 그렇지 못한 파트너에 대해 가장 많이 하는 질문은 '그들은 자신이 무슨 짓을 하는지 알고 있나요?' 또는 '그들도 자기 상태를 인식하고 있나요?' 다. 이는 대답하기 매우 까다로운 질문으로 몇 가지 대답이 가능하며 이런 의문 때문에 좋지 않은 결과가 생길 수도 있다. 정서적으로 여유 없는 사람에게 아무 죄가 없으며 그들은 자기 행동을 통제할 수 없어서 그럴 뿐이라고 믿는다면 관계를 유지하기는 쉽다. 그렇다면 정말 그럴까? 그들에게 죄가 없다는 것도, 그들 스스로 행동을 어찌지 못한다는 것도 조금씩은 맞다.

그렇다. 대부분의 경우 정서적으로 여유 없는 사람은 자신의 무자비함을 인식하고 있다. 좀 복잡한 문제인데 이들은 자기 행동에 정당성을 느낀다. 파트너가 그런 대우를 받아 마땅하다고 믿기 때문에 자기 방식으로 파트너를 대할 권리가 있다고 생각한다. 이들은 자신이 옳은 일을 하고 있다고 생각한다. 파트너를 부당하게 대하는 이유는 벌을 주기 위해서다. 잘못한 아이에게 벌을 줄 권리가 있다고 느끼는 선생님과 거의 비슷하다. 미성숙한 사람은 관계를 유지하는 동안 파트너에게 옳은 길을 가르쳐주는 것이 자기 권리이자 임무라고 여긴다.

또한 미성숙한 사람은 파트너의 의견이나 감정에 신경 쓰고 싶어하지 않는다. 이들은 자기 의견과 자신이 만족감을 얻는 데에만 신경 쓴다. 미성숙한 사람에게 이는 주로 돈, 지위, 성관계 같은 피상적인 만족감과 연관되어 있다. 자녀에게서 자아의 만족감을 얻으면 그 자녀에게 관심과 애정을 쏟는다. 예컨대 풋볼팀에서 인기 있는 쿼터백으로 뛰는 아들은 부모의 관심을 많이 받을 수 있다. 부모가 아들로 인해 생기는 사회적 지위를 즐기기 때문이다.

미성숙한 사람은 파트너보다 자신이 더 중요하다고 생각하기 때문에 파트너의 감정이나 의견에 신경 쓰지 않으며 이를 쉽게 묵살한다. 가끔 다른 사람들 앞에서는 파트너에게 듣기 좋은 말을 할지 모르지만 둘만 남게 되면 다시 파트너의 요구를 받아들이지 않고 무시한다. 많은 경우에 이들은 파트너가 자기 의견을 표현하려고 시도만 해도 짜증과 화를 낸다.

요컨대 미성숙한 사람은 자신이 파트너를 잔인하게 대하고 무시한다는 것을 알고 있지만 그렇게 하는 것이 정당하다고 느낀다. 이들은 파트너가 그런 대접을 받아 마땅하다고 굳게 믿으며 파트너를 비롯해 다른 사람을 설득하는 데 능하다. 물론 지금까지 논의한 이들의 성격적 특징, 예컨대 공감 부족, 보복하려는 기질, 남을 탓하는 성향, 자기 방식이 유일하고 옳다는 믿음 같은 것들 모두 이들 스스로 부부나 연인 관계에서 자신이 고결한 쪽이기에 파트너를 조종하고 지배할 자격이 있다거나 관계에서 자신이 피해자이므로 앙갚음하고 무자비하게 행동해도 된다고 계속 믿는 데 일조한다.

자신과 파트너와의 관계에 대한 이런 믿음은 당연히 왜곡된 것이다. 이는 성숙한 파트너의 인식과 정반대이기 때문에 관계를 바로잡을 기회를 찾기가 힘들다. 정서적으로 여유 없는 사람의 눈에는 자신의 행동과 반응이 정당하기 때문에 그다지 잘못한 일이 없어보인다.

정서적으로 건강한 사람은 이를 이해하기 매우 힘들다. 복수를 꿈꾼다거나 공감하지 못하거나 이기적으로 행동하는 일은 이들의 본성에 반대되며 이들에게는 매우 나쁘게 여겨지기 때문이다. 이들은 미성숙한 파트너가 고결한 사람인 양 변명하면서 이런 성향을 옹호하는 것을 이해하기 힘들어한다.

최악의 경우, 다시 말해 정서적으로 여유 없는 파트너가 병적일 경우, 그러니까 공감 부족, 자기애, 양심, 피해 의식 등이 극도로 심해서 병적인 성향을 보일 때도 이들은 자신의 무자비한 기질을 인식하지 못한다. 사실 이들은 방어기제를 부정함으로써 끔찍한 행동을 자기 인식에서 지워버린다. 이러한 상황이라면 성숙한 파트너는 자신과 자녀들의 안전을 지키기 위해 관계에서 빠져나와야 한다.

위태로운 관계를 끌어안을 때 생기는 문제

그렇다면 정서적으로 여유 있는 파트너가 상대방의 이러한 문제를 어느 정도 인식했을 때 어떻게 해야 할까? 이는 신중하고 주의 깊게 답해야 할 문제다. 안타깝게도 정서적으로 건강한 사람들 중 상당수는 정서적으로 건강하지 않은 파트너와의 관계를 유지하며 관계에서 느끼는 불만과 단절감의 정도가 심하지 않다고 스스로 안심시킨다. 어쨌든 성숙한 사람은 다른 많은 관계를 통해, 그리고 새로운 일을 시도해봄으로써 행복과 만족을 느끼므로 한 가지 관계가 불만족스럽다고 해서 떠날 필요는 없다고 생각한다. 게다가 파트너를 떠나는 것이 이혼과 가족 해체를 뜻할 경우 이들은 자기 불행 때문에 파트너를 떠나는 것이 이기적이라고 생각한다.

그러나 이러한 관계를 유지하면 여러 가지 문제가 발생한다. 첫 번째는 정서적으로 건강한 사람의 자존감에 악영향을 미친다. 누군가가 지속적으로 한 사람의 감정을 무시하고 그를 존중하지 않고 존엄성을 박탈하면 인간성이 말살된다. 다시 말해 한 사람을 진정한 인간으로 규정하는 유일한 것을 빼앗기게 된다. 그러면 그 사람은 자신을 보잘것없고 무가치하며 수치스러운 존재로 느낀다. 이런 대우를 받으면 처음에는 화만 난다. 격분한다는 것이 더 정확한 표현이겠다. 그리고 정서적으로 건강한 사람이 심한 분노를 느끼면 수치스러워하는 동시에 자제력을 잃게 되고 그 결과 분노의 원인은 잊어버린 채 자신을 탓한다. 이런 주기를 반복 경험하면 우울과 불안이 생기고 자존감이 제 기능을 발휘하지 못하는 경우가 많다.

실제로 몇 년에 걸쳐 부당한 대우를 당하면 자존감을 잃을 정도까지 의기소침해진다. 끔찍하게도 때로 이들은 파트너의 믿음에 굴복해 그들의 관점을 받아들이고 만다. 그러면 활기 넘치고 인정 많고 공감 능력 있는 사회 일원으로서 인간적이고 세계 평화와 사랑에 이바지하던 이들이 파트너 때문에 건강과 영혼을 빼앗기는 끔찍한 상황이 벌어진다. 세상이 제대로 돌아가려면 병적인 자기중심주의자가 아니라 선하고 좋은 사람들이 필요하다.

미성숙한 사람과의 관계를 유지하기로 마음먹었을 때 발생하는 두 번째 문제는 자녀에게 미치는 악영향이다. 아이들은 부모 중 정서적으로 건강한 쪽을 통해 마음 깊은 곳의 복잡한 정서적 요구를 대부분 충족하겠지만 건강한 부모에게 작용하는 두 가지 역학 관계 때문에 매우 혼란스러워진다.

첫 번째 역학 관계는 정서적으로 여유 없는 파트너가 자녀들 앞에서 힘을 과시하는 것이다. 이들은 자기애에 빠져 있기 때문에 자기 힘을 과시하고 가족의 삶을 지배하고 싶어한다. 이들은 스스로 우두머리 자리에 오른다. 그리고 성숙한 사람에게 미묘한 방식으로 힘을 행사하여 누가 정말 힘 있는 쪽인지를 아이들에게 확인시키려 한다. 이들은 주로 지위, 돈, 힘을 자녀들 앞에서 과시한다.

불행히도 이러한 전략은 대부분의 아이들에게 매우 잘 통한다. 아이들은 거대한 사람들이 가득한 거대한 세상에서 자신이 작고 무력하다고 느끼는 경우가 많기 때문에 힘에 매료된다. 아이들이 슈퍼히어로나 영웅 노릇을 하는 공주를 좋아하는 이유도 이 때문이다. 이러한 현상을 심리적인 방어기제로 설명할 수 있다. 이를 '공격자와 동일시 *identifying with the aggressor*'라고 부른다. 대부분의 경우 아이들은 매우 충격적이거나 갈등이 발생하는 상황에 직면했을 때 피해자보다는 공격자와 자신을 동일시한다. 이미 자신을 작고 무력하게 느끼는 아이들이 두려운 상황에 마주했을 때 피해자와 자신을 동일시하면 더 겁을 먹기 때문이다. 그러나 공격자와 자신을 동일시하면 동일시와 모방을 통해 공격자의 힘을 빌려오므로 불안을 덜 느끼게 된다.

따라서 정서적으로 여유 있는 사람과 그렇지 못한 사람이 만나 부모가 되면 자녀는 정서적으로 여유 있는 부모와 더 가까울지 몰라도 정서적으로 여유 없는 부모가 의도적으로 힘을 과시하기 때문에 그쪽과 동일시하고 그쪽이 되기를 바란다. 자녀가 정서적으로 여유 없는 부모를 이상적으로 생각할 경우 이들 역시 정서적으로 여유 있는 부모를 상대로 힘을 행사하게 된다. 배우자와 자녀 모두에게 부당한 대접을 받는 일은 그야말로 큰 타격을 준다.

또한 정서적으로 여유 없는 부모와 동일시하고 그를 이상적으로 생각하는 것은 자녀의 심리 면에서도 건강하지 않은 선택이다. 부모라면 모두 자녀가 심리적으로 안정되고 행복하며 선하고 좋은 사람이 되기를 원한다. 정서적으로 여유 없는 사람은 피상적인 만족감을 얻지 못하면 행복하지 않으며 피상적인 만족만 가득한 삶은 충만하고 만족스럽고 진정으로 행복한 삶이 아니다. 이뿐만 아니라 자녀가 정서적으로 여유 없는 파트너와 결혼하여 부당한 대접을 받을 수도 있고 자신이 정서적으로 여유 없는 파트너가 되어 배우자와 자녀를 부당하게 대할 수도 있다.

정서적으로 건강한 사람과 그렇지 않은 사람이 자녀를 양육할 때 발생하는 두 번째 역학 관계는 정서적으로 건강한 부모가 자녀와 함께 있으면서 누리는 기쁨을 정서적으로 건강하지 않은 부모가 질투한다는 것이다. 이들은 질투심이 강하고 복수하려는 기질이 있기 때문에 파트너와 자녀와의 관계를 방해하려 한다. 이들의 방해 수법 중 하나는 파트너가 나쁜 사람이 되도록 꾸미는 것이다. 아이들 앞에서 파트너를 비꼬거나 깎아내리는 말을 자주 하기도 한다. 시간이 지나면 이러한 전략 때문에 건강한 부모에 대한 자녀의 인식이 서서히 무너진다.

갈등 없이 관계를 정리하는 법

　정서적으로 건강하지 않은 파트너를 떠나기로 마음먹더라도 그 나름의 좋지 못한 일이 발생한다. 떠나기로 마음먹을 경우 건강하지 않은 사람은 파트너가 떠난다는 사실에 극도로 화를 내고 복수를 계획하리라는 것을 알고 진행해야 한다. 정서적으로 건강하지 않은 사람은 공동체가 건강한 파트너에게 등을 돌리게 하기 위해 그들에 대해 악의적인 험담을 하는 경우가 많다. 이는 너무도 고통스럽고 끔찍하고 부당한 일로 건강한 파트너가 견디기 힘들다. 건강하지 않은 파트너는 건강한 파트너가 한 일을 대부분 왜곡해 관심 있게 들을 만한 모든 사람에게 악의적으로 유포한다. 불행히도 건강하지 않은 이들은 조종에 능하기 때문에 사람들이 건강한 파트너에게 등을 돌리게 하는데 대체로 성공한다.

　건강하지 않은 파트너는 복수를 꿈꾸고 부도덕하기 때문에 건강한 파트너에게 상처 주기 위해 자녀들까지 이용할 가능성이 높다. 아이들이 건강한 파트너에게 등을 돌리게 만들고 논쟁 가운데에 아이들을 계속 끼워 넣는 것은 이혼 과정에서 건강하지 못한 부모가 이용하는 전략이다. 이들은 자기 자신과 자신의 감정에만 몰두하므로 이러한 조종이 자녀에게 어떤 영향을 미치는지 생각하지 못한다. 이들은 자신을 떠나려는 파트너를 벌하기 위해 무엇이든 할 권리가 있다고 생각한다.

건강하지 않은 파트너와 힘든 이혼 과정을 겪을 때 이용할 수 있는 전략을 몇 가지 소개한다.

첫째, 상처 주는 말과 부당한 주장에 대비한다. 이런 말들을 무시하라. 정서적으로 여유 없는 파트너의 목표는 상대방에게 상처를 주고 상대방의 분노를 유발하는 것이다. 말려들면 안 된다. 이들은 목표를 이루면 더 강해진다. 정서적으로 여유 없는 파트너의 두 번째 목표는 상대방을 화나게 만들어 성급한 결정을 하도록 유도하는 것이다. 언제나 시간을 갖고 결정 사항을 신중하게 생각해야 한다. 파트너가 협박하고 괴롭히며 겁주더라도 그들의 요구에 무릎 꿇으면 안 된다. 굳건하게 자신을 믿어야 한다.

둘째, 배우자가 한 행위의 증거를 모은다. 이들이 협박하고 괴롭히기 위해 보낸 이메일, 문자메시지, 음성메시지를 보관하고 그들의 나쁜 짓을 문서로 정리하라. 그리고 목록이 쌓이면 변호사에게 제출하라.

셋째, 자녀들을 교육한다. 남편은 아이들에게 "엄마는 화가 많이 나면 거짓말을 하기도 해" 같은 말을 미리 해둘 수도 있다. 이 일이 정서적으로 건강하지 않은 파트너의 잘못이라기보다 파트너가 상처와 화를 처리하는 방식이라고 아이들에게 설명해야 한다. 혼란스러운 말을 들으면 곧바로 얘기해달라고 아이들에게 일러두라. 그래야 아이들의 감정을 보살필 수 있다.

파트너가 심술 맞게 굴어도 동요하지 말고 차분함을 유지하기, 금세라도 위험해질 수 있는 부적절한 교류 내용을 기록하기, 자녀를 점잖고 적절하게 교육하기. 이 세 가지는 이혼을 결심하고 실행에 옮길 때 도움이 될 만한 조언들이다.